百年记忆

"南陈北李"

张宝明 编

人民出版社

前　言

　　"南陈北李，相约建党"的佳话早已为人熟知。其中"陈"是指陈独秀，"李"是指李大钊。"南陈北李"放一块儿就很耐人寻味。两人姓前冠之以"南"和"北"，除却陈为安徽安庆人属南方，李为河北乐亭人属北方的因素外，更为重要的原因还是指建党时期陈独秀在上海、广东，而李大钊在北京从事一项共同的伟大事业。南北呼应，过往甚密，在同气相求中共铸伟业。然而，两人在20世纪前半叶却是命运多舛。1933年，北京地下党组织为李大钊举行迁葬仪式，一副挽联横空出世："南陈已囚，空教前贤笑后死；北李如在，哪用我辈哭先生。"个人命运多舛的"南陈北李"却改变了国家的命运和社会的走向，这也是我们这些"今生"深情回眸"前世"初心的根本之所在。

　　陈独秀和李大钊两位先生最早相识于1914年的日本东京，那时他们同为章士钊主办的《甲寅》杂志助力。当时的日本尤其是东京乃"二次革命"流亡志士的"会所"。两人的早期共鸣，还要从二人"不打不相识"的文字交往说起。

这是一次关于爱国主题的对话。1914年底，在现实悲愤情绪左右下，陈独秀就"率感情"与"智识"二者的关系为立论依据，痛述"爱国心与自觉心"之沉浮。文章一开头就一语道破："范围天下人心者，情与智二者而已。"这里的"智识"即是理性。他从理性与感情的关系来分析现实社会的弊端，文章尖锐地指出，中国并未形成"近代国家观"，国人也没有爱国的"自觉心"。对此，李大钊在首肯陈独秀语言的犀利与情感的真挚后，也对该文流露出的"风涌回环，伤心无已"的悲观情绪给予了必要的回应与拨正。李大钊以《厌世心与自觉心》为题，"申独秀君言外之旨"，强调任何时候都不能放弃爱国的信念。对国人而言，不但要有爱国心、自觉心，还要有自信心、意志力，即"求一可爱之国家而爱之"。

陈李的第一次交锋为日后的共事埋下了伏笔。

1917年，应蔡元培之邀，陈独秀就任北京大学文科学长。《新青年》杂志随陈独秀北上，成为背靠北京大学的同仁刊物。同年，李大钊入职北大，翌年经章士钊推荐，接替章士钊任北大图书馆主任。旧相识、新同仁。这就是陈李二人的第二次共事。这第二次联手成就了一番开天辟地的伟业。

《新青年》从陈独秀"主撰"华丽转身为"轮流编辑"的同仁刊物，一时间思想活跃的激进知识分子很快围绕在这个进步杂志周围，新文化运动阵营初具规模。这一时期，陈独秀和李大钊频繁接触，思想上的共识成为密切共事的基础。在1918年1月召开的《新青年》编辑会议上，陈独秀决定从第4卷第1号开始，杂志分别由陈独秀、钱玄同、高一涵、胡适、李大钊、沈尹默轮流负责。此时的李大钊不但是编辑，而且也是"柱石"作者之一。

在《新青年》上，轮流编辑也形成了不同的风格和导向。在陈独秀、李大钊编辑的刊物上，明显地带有"谈政治"的色彩，而且是带有"赤色"底色的政治。从1918年7月开始，李大钊接连在《新青年》上发表了《法俄革命之比较观》《庶民的胜利》《布尔什维主义的胜利》3篇文章，将法国革命、俄罗斯革命以及马克思主义鱼贯式介绍并引进到中国。巴黎和会后，陈独秀和李大钊更是携手并进，将内忧外患下的形势通过文字和演讲告知国人。于是，一场风起云涌的爱国运动于1919年5月4日爆发。

值得说明的是，陈独秀和李大钊在《新青年》上组织编纂的"马克思主义研究"专员"劳动节纪念"无疑为马克思主义的中国化以及中国共产党的成立奠定了思想和舆论基础。

陈李文章，傲视当代、面对现实、声势浩大。这两人的文风性格，正恰如枘凿之互补，南北辉映，或许，这就构成了"南陈北李"的精神气质。

1919年6月11日，陈李共同起草了《北京市民宣言》并散发传单。陈独秀被捕入狱后，李大钊想方设法展开营救。9月16日，陈独秀被保释出狱后，李大钊引以为豪，并为战友吟赋作诗："你今天出狱了，我们很欢喜……什么监狱什么死，都不能屈服了你；因为你拥护真理，所以真理拥护你。"

出狱后的陈独秀并不自由，他时刻处于反动军警的严密监视之下。1920年2月5日，陈独秀受邀赴武昌文华大学做关于《社会改造的方法与信仰》等演讲，在武汉逗留期间，因发表宣传社会主义思想的言论而引起军阀当局的恐慌。鉴于形势的严峻，李大钊决定亲自护送陈独秀出京。

1920年2月中旬，时值北方收账时节。装扮成收账先生的李大钊出现在一辆骡车上，陈独秀头戴毡帽坐在车里，为了避免陈独秀南方口音露馅，一切事宜均由收账先生打理。在这辆去天津的骡车上，陈李将"在中国建立共产党组织"作为重要议题提到了日程，这或许就是后来人们广为传颂的"南陈北李，相约建党"故事的由来。

1920年3月底，李大钊在北京大学酝酿成立了马克思学说研究会。同年5月，陈独秀在上海成立马克思主义研究会。南北相互呼应，1920年8月，在陈独秀主持下，上海共产党早期组织正式成立。同年10月，李大钊也在北京成立共产党早期组织。关于党的名称，该年5月，陈独秀曾和李大钊、张申府多次沟通商量，也曾有叫"社会党"的想法，最后议定为"共产党"。

1921年7月23日，中国共产党第一次全国代表大会在上海召开，正式宣告了中国共产党的诞生。

1927年4月28日，李大钊在北京英勇就义。"南陈"对自己的战友这样评价道："守常是一个难得的好人。他的生平言行，如日月经天，江河行地，光明磊落，肝胆照人。"1942 年 5 月 27 日，陈独秀在编纂字义类别写到"抛"字时撒手人寰。

伏唯唏嘘之际，"百年记忆"油然而生。本书分为"陈独秀篇"和"李大钊篇"，以当事人的回忆为主体来展现陈独秀、李大钊个人与国家命运之变奏乐章；以"南陈北李"之名追忆两位给中国命运带来巨大变化的思想先驱。

目录
Contents ▶

陈独秀篇

1

李大钊篇

附　录

陈独秀篇

1."青年人谁不晓得'南陈北李'"

静 尘

陈独秀死了。死于四川江津县,是死在床上的。

假使陈独秀死在 10 年或 20 年前,噩耗传来,无疑将引起全中国甚至全世界人的大冲动;可是这个时候他的死不过像一片小小的瓦片投到大水里,只在水面上略略掀起几圈微波。死非其时,这情景对于一位怪杰的陨落,真是最凄惨不过的。

一个伟大的人物死了,人们照例要来一套"盖棺论定",或歌颂,或罪责,各依各的主观。有的把死者捧上天,有的把死者打入十八层地狱,使他永不翻身。其实这种行径都有点近乎无聊,尤其此时此地,笔者对于陈独秀之死,既不想谈他从事政治活动的经过,也不想批评他的思想,更不愿论述他对于近代中国到底产生了些什么影响,从而确定他的功罪。我想这些工作最好让诸几百年后的历史学家们去研究、去完成吧。所以

3

笔者于此仅愿约略谈谈关于陈独秀的为人以及他生前事迹的一部分。

无论如何,陈独秀是够得上称为中国近代史上一个杰出人物的,假使我们愿不以成王败寇的眼光去观察一位历史人物的话。

五四运动以后,国民党北伐之前,青年人谁不晓得中国有"南陈北李"(李即李大钊)。当时陈独秀为中国共产党的领袖,威名显赫,谁个不晓。国民党"清党"以后,共产党人不能公开活动了,而李大钊既死于北京,陈独秀在上海也成为天字第一号的"罪犯",于是他的声名便像糊在墙壁上的花纸一般,在岁月剥蚀之下渐渐褪了色。时至今日,提起陈独秀,简直觉得有点生疏了。

矮小的身材,老是穿着一袭深褐色或深绿色的哔叽长袍,秃顶的头发,老是往后梳得很整齐,但是没有油光。面孔很黑,一对尖锐的眼睛炯炯有光,鼻子和嘴巴生得都合适。唇上唇下略有几根髭子,使人一望而知他是一个善良而富有毅力的人物,这就是陈独秀容貌的大概。手脚都很小,右手手指间老是夹着根"价廉物美"的土制小雪茄烟。不断地吸,不断地弹灰,吸完一根接一根,右手和嘴唇从来没有空闲过。从前在上海,住的地方非常秘密,而且始终只有一个人(仅雇一名女佣给他煮饭洗衣服)。跑出门来,从不坐车(因为坐车容易使人注意),也从不招呼和他认识的人。一个矮小的老头儿,夹杂在人群之中走,夏天的草帽和冬天的呢帽永远罩没前额,碰到他的人自然做梦也想不到他就是一个被政府悬赏 5 万元、常年通缉的"大罪人"。然而，这个一直为政府当局捉拿的"大罪犯"始终安安稳稳生活在上海，直到有一个他的亲信门徒出卖他，被政府当局捉住押到南京去为止。

陈独秀并不长于口才，不会辩论也不善演讲，但是他有热情，同他谈天的人总会被他那股说不出来的热情所吸引。他欢喜开谈。开谈时倒像白头宫女话天宝，有点儿娓娓动听。他也爱讲笑话，谈女人，虽然他讲出来的笑话并不十分好笑，他谈女人也不戴什么恩爱的假面具，他是一个直爽而富于情感的人物，他不矫揉造作，他是一个非常合乎人情的人。

他的个性很强，不大肯承认自己的错误，他忠于人，忠于事，忠于他自己的意志和思想。这是他成功的基础，但也是他失败的要素。他很固执他自己的意见，有些地方，他不免有点独裁。每当谈论的时候，他会声色俱厉地坚持他个人的主张，倘若有人坚决反对他，他就会站起身来拂袖而去。但他也很感情用事，有时候，倘若与他争论的对手是他平日所敬爱的，他会无条件地让步，放弃他自己的主张。他有坚强的意志，却缺乏冷静的头脑，这是他身为领袖的唯一缺点，也是他一生事业的失败之症结。

他有丰富的感情，他有丰富的爱。而他把他的感情和爱都交给了他的政治思想。陈独秀也是一个出色的老师。他对青年的教诲，真可说是"诲人不倦"，并且很高兴地给青年改文章。

他的字写得很细很潦草，但是他作起文章来却很仔细。他书读得很多，尤其对旧学颇有修养，所以他的白话文词句工整，而且简洁。我始终觉得，陈独秀与胡适真不愧为一对中国白话文的大师，两个人各有所长，而且一个辞藻的浓丽和一个行文的一清如水，恰巧形成对比，倒也是中国近代文学史上怪凑巧的一回事。

陈独秀的体质并不怎么弱。只是他终年害胃病，所以饭吃得很少，时时吃面包。他除了抽烟外没有别的嗜好，酒是绝对不喝的。原来有没有心脏病倒不得而知，不过他的肝火很旺。

从政治上失败下来，陈独秀是受尽了折磨，但是他始终要做一个共产主义者，"执迷不悟"。记得他被捕时候，章行严以老朋友的资格，愿意做他的义务辩护律师，给他出了一次庭，因为要辩护他的无罪，便在法庭上列举他早年同情国民党、反对北洋军阀、拥护孙中山先生及其三民主义的种种论据，最后还代表他说他并不反对国民党，并不想推翻国民政府。但是陈独秀却立刻不同意章行严那种辩护，他自认为他是一个共产党员，自认为他反对国民党的主义和政策，并要夺取政权，组织共产主义的革命。陈独秀当场拒绝章行严充当他的义务辩护律师，回到监狱里亲自写了一篇"辩护状"，交到法院去。

出狱以后，陈独秀除在武昌大学做了两三次公开演讲外，即无其他政治活动。所以陈独秀的行动，也一直不为人所注意。那时候（也许在那时候以前），他最受人注意的行动恐怕只有一件事，就是给上海的《宇宙风》半月刊写了几段《实庵自传》（他的自传），可是这《实庵自传》不过写了一个头就搁起了。中国近代史上少了这一篇传奇式的文献，实在太可惜了。

现在陈独秀死了，我不为陈独秀的生命哀，也不为陈独秀的不能成功哀——因为政治上的成功不一定是真的成功，失败不一定是真的失败——却为陈独秀不能完成他的一部自传哀。

陈独秀虽在政治上失败了，但他在提倡新文化运动这方面却是绝对的成功的。五四新文化运动的推动，故不止得利于陈氏一人，然而陈氏是新文化运动的保姆并且又是新文化运动的领导者，却是不容否认的。

在民国六年（1917年）1月，胡适发表《文学改良刍议》，此前，陈独秀在上海创办《新青年》时就致力于提倡进步的西方科学，反对守旧的中国玄学和一切落后的伦理观念，在文学方面，陈氏更大胆地揭起反对古典主义和理想主义之旗，而主张应当趋向于写实主义（时在民国五年）。胡适的《文学改良刍议》显为陈氏这种主张所引起的，以致胡适的《文学改良刍议》在《新青年》上发表后，陈独秀更进一步地发表了他那篇震撼全国学术思想界的《文学革命论》。虽然这篇《文学革命论》写得并不长，但这篇短文的发表却像在死沉沉的中国学术思想泥潭里投下了一颗最猛烈的炸弹，将停滞已久的一潭腐泥臭水炸出一个大缺口，使新文学的嫩芽得以滋长。就在这篇《文学革命论》中，我们可以充分看出陈氏脑海里革命思想的深厚和前进精神之惊人。他最后一段这么说："欧洲文化，受赐于政治科学者固多，受赐于文学者亦不少。予爱卢梭、巴什特之法兰西，予尤爱虞哥、左喇之法兰西；予爱康德、赫克尔之德意志，予尤爱桂特郝、卜特曼之德意志；予爱培根、达尔文之英吉利，予尤爱狄更斯、王尔德之英吉利。吾国文学界豪杰之士，有自负为中国之虞哥、左喇、桂特郝、卜特曼、狄更斯、王尔德者乎？有不顾迂腐之毁誉，明目张胆以与十八妖魔宣战者乎？予愿拖四十二生的大炮，为之前驱！"

陈独秀遇事坚决，以及当时对新文化运动努力推进的断然精神，我们可从这短短一段文字中明白体味出来。胡适与陈独秀先生先后发表《文学改良刍议》和《文学革命论》之后，中国的新文化运动就如龙腾虎跃一般向前推进了。当时全中国的学术思想界除守旧迂腐的一派极力反对白话文、反对革命新文学的思想外，其他凡有进取心的学者和青年知识分子无不竭力拥护陈胡二人的主张，其中最著名的有钱玄同、刘半农诸人。而胡适的努力写作白话文、白话诗并努力与一般迂腐之士如林琴南之流笔战，写文章来痛斥许多舞文弄墨之徒的不通，与陈独秀之"拖四十二生的大炮"为新文化运动的前驱，使许多文人的散漫的学术思想汇合起来，成为一支支文学革命的队伍，向千百年来的旧文化宣战，朝气勃勃，绝不妥协，真可谓一吹一唱，少了一个都不成。所以今天许多人都称胡适为中国新文学的导师，同时就该称陈独秀为中国文学革命的领导者。陈独秀在文学革命上的成功，着实可以弥补他在政治革命上的失败。陈氏死而有知，也当瞑目含笑于地下了吧。

（原载《古今月刊》第 5 期，原标题为
《我所知道的陈独秀》）

2. "我们对于陈君，认他为思想界的明星"

毛泽东

前北京大学文科学长陈独秀，于 6 月 11 日在北京新世界被捕。被捕的原因，据警厅方面的布告，系因这日晚上，有人在新世界散布市民宣言的传单，被密探拘去。到警厅诘问，方知是陈氏。今录中美通信社所述什么《北京市民宣言》的传单如下——

一、取消欧战期内一切中日密约。

二、免除徐树铮、曹汝霖、章宗祥、陆宗舆、段芝贵、王怀庆职务，并即驱逐出京。

三、取消步军统领衙门，及警备总司令。

四、北京保安队，由商民组织。

五、促进南北和议。

六、人民有绝对的言论出版集会的自由权。

以上六条，乃人民对于政府最低之要求，仍希望以和平方法达此目的。倘政府不俯顺民意，则北京市民惟有直接行动，图根本之改造。

上文是《北京市民宣言》传单，我们看了，也没有什么大不了处。政府将陈氏捉了，各报所载，很受虐待。北京学生全体有一个公函呈到警厅。请求释放。下面是公函的原文——

警察总监钧鉴：敬启者，近闻军警逮捕北京大学前文科学长陈独秀，拟加重究，学生等期期以为不可。特举出二要点如下：（一）陈先生夙负学界重望，其言论思想，皆见称于国内外。倘此次以嫌疑遽加之罪，恐激动全国学界再起波澜。当此学潮紧急之时，殊非息事宁人之计。（二）陈先生向以提倡新文学现代思想见忌于一般守旧者。此次忽被逮捕，诚恐国内外人士疑军警当局有意罗织，以为摧残近代思想之步。现今各种问题已极复杂，岂可再生枝节。以滋纠纷？基此二种理由，学生等特陈请贵厅，将陈独秀早予保释。

北京学生又有致上海各报各学校各界一电——

　　陈独秀氏为提倡近代思想最力之人，实学界重镇。
忽于今日被逮。住宅亦被抄查。群情无任惶骇。除设法
援救外，并希国人注意。

　　上海工业协会也有请求释放陈氏之电。有"以北京学潮，迁
怒陈氏一人，大乱之机，将从此始"的话。政府尚未昏聩到全不
知外间大势，可料不久就会放出。若说硬要兴一文字狱，与举世
披靡的近代思潮拼一死战，吾恐政府也没有这么大胆子。章行严
与陈君为多年旧交。陈在大学任文科学长时，章亦在大学任图书
馆长及研究所逻辑教授。于陈君被捕，即有一电给京里王克敏，
要他转达警厅，充予释放。大要说——

　　……陈君向以讲学为务，平生不含政治党派的臭
味。此次虽因文字失当，亦何至遽兴大狱，视若囚犯，
至断绝家常往来。且值学渐甫思之秋，讵可忽兴文纲，
重激众怒。甚为诸公所不取……

章氏又致代总理龚心湛一函。说得更加激切——

　　仙舟先生执事，久违矩教，结念为劳，兹有恳者，
前北京大学文科学长陈君独秀，闻因牵涉传单之嫌，致
被逮捕，迄今未释。其事实如何，远道未能详悉。惟念

陈君平日，专以讲学为务。虽其提倡新思潮著书立说，或不无过甚之词。虽（然）范围（实）仅及于文字方面，决不含有政治臭味，则固皎然可征。方今国家多事，且值学潮平息之后，遽可蹈腹诽之诛，师监谤之策，而愈激动人之心理耶。窃为诸公所不取。故就历史论，执敦因文字小故而专与文人为难，致兴文字之狱。幸而胜之，是为不武。不胜，人心瓦解，政纲摧崩，虽有咨者，莫之能挽。试观古今中外，每当文纲最甚之秋，正其国运衰歇之候。以明末为殷鉴，可为寒心。今日谣诼蘩兴，清流危惧。乃送有此罪及文人之举，是真国家不祥之象，天下大乱之基也。杜渐防微，用敢望诸当事。且陈君英姿挺秀，学望中西。皖省地绾南北，每产材武之士，如斯学者，诚叹难能。执事平视同乡诸贤，谅有同感。远而一国，近而一省，育一人才，至为不易。又焉忍遽而残之耶。特专函奉达，请即饬警厅速将陈君释放。钊与陈君总角归交，同岑大学。于其人品行谊，知之甚深。敢保无他，愿为佐证……

章士钊拜启　六月二十二日

我们对于陈君，认他为思想界的明星。陈君所说的话，头脑稍为清楚的听得，莫不人人各如其意中所欲出。现在的中国，可谓危险极了。不是兵力不强财用不足的危险，也不是内乱相寻四分五裂的危险。危险在全国人民思想界空虚腐败到十二分。中国的四万万人，差不多有三万万九千万是迷信家，迷信神鬼，迷信物象，迷信命运，迷信强权。全然不认有个人，不认有自己，不认有真理。这是科学思想不发达的结果。中国名为共和，实则专制，愈弄愈糟，甲仆乙代，这是群众心里没有民主的影子，不晓得民主究竟是什么的结果。陈君平日所标揭的，就是这两样。他曾说，我们所以得罪于社会，无非是为着"赛因斯"（科学）和"德莫克拉西"（民主）。陈君为这两件东西得罪于社会，社会居然就把逮捕和禁锢报给他。也可说是罪罚相抵了，凡思想是没有领域的。去年十二月德国的广义派社会党首领卢森堡被民主派政府杀了，上月中旬，德国仇敌的意大利一个都林地方的人民，举行了一个大示威以纪念他。瑞士的苏里克，也有个同样的示威给他做纪念。仇敌尚且如此，况在非仇敌。异国尚且如此，况在本国。陈君之被逮，决不能损及陈君的毫末，并且是留着大大的一个纪念于新思潮，使他越发光辉远大。政府决没有胆子将陈君处死，就是死了，也不能损及陈君至坚至高精神的毫末。陈君曾自说过，出实验室，即入监狱。出监狱，即入实验室。又说，死是不怕的。陈君可以实验其言了。我祝陈君万岁！我祝陈君至坚至高的精神万岁！

（原载《湘江评论》创刊号（1919 年 7 月 14 日），原标题为《陈独秀之被捕及营救》）

3."道德是用以自律，
而不是拿来责人的"

许德珩

我是 1915 年到北京大学文科英文学门（1919 年改为英文系）读书的。1917 年初，蔡元培到北京大学任校长后，因为文科教员中顽固守旧的人物不少，是北大前进的障碍，亟须寻找具有革新思想的人物来主持文科，所以立即聘请陈独秀任北大文科学长（相当于后来的文学院院长）。

陈独秀是激进的民主派。早年因参加反对清政府的活动遭到追捕。后来留学日本，深受新学思想的影响。从 1903 年到 1914 年，他先后参与编辑《国民日日报》《安徽俗话报》，并协助章士钊在日本办《甲寅》杂志。当时在新闻舆论界已有影响。1915 年 9 月，他在上海创办《青年杂志》（1916 年 9 月改名《新青年》），宣传新思想、新文化，影响逐渐大了起来。

陈独秀来北大之前,我虽然不认识他,但他的文章我早就在《甲寅》杂志上读过了,因为他是首倡新文化运动的人物,所以给我的印象很深。最初,《新青年》是他在上海创办的。他在具有发刊词性质的《敬告青年》一文中,提出了反对封建复古思想、主张民主主义的要求。他痛斥周汉以来"崇尚虚文""尊儒重道""祀天神而拯水旱,诵孝经以退黄巾"的昏妄现象,激切陈言:"吾宁忍过去国粹之消亡,而不忍现在及将来之民族,不适世界之生存而归削灭",明确主张:"科学与人权并重"。五四时期"民主"与"科学"两大口号在那时他就提出来了,揭开了新文化运动的序幕。

陈独秀任北大文科学长之后,就在《新青年》上发表了《文学革命论》,旗帜鲜明地写道:"文学革命之气运,酝酿已非一日……余甘冒全国学究之敌,高张'文学革命军'大旗……旗上大书特书吾革命军三大主义:曰,推倒雕琢的、阿谀的贵族文学,建设平易的、抒情的国民文学;曰,推倒陈腐的、铺张的古典文学,建设新鲜的、立诚的写实文学;曰,推倒迂晦的、艰涩的山林文学,建设明了的、通俗的社会文学。"他指出:"今欲革新政治,势不得不革新盘踞于运用此政治者精神界之文学。"这就表现了陈独秀反对封建主义的激进立场,比起胡适的文学改良主义来要激烈得多。

蔡元培到来之前的北大,校风很腐败,学生自由散漫,纪律松弛,蔡到校后,力图改革,整顿校风。陈独秀来校任文科学长，和蔡元培一起积极推动北大的改革。

陈独秀在整顿上课纪律当中，还与我闹过一场误会。当时我们班上有一同学是黎元洪的侄子。此人经常缺课，并叫人代他签到。陈独秀不调查研究，误听人言，就把这件事记在我的身上，在布告牌子上公布我经常旷课，记大过一次。我当时是一个穷苦学生，冬天穿夹衣过冬，宿舍里没有火，所以我不是在讲堂上，就是在图书馆里。当我见到这个记过布告时，十分惊异，并极端愤怒。我一怒之下，就把布告牌砸碎了。陈独秀性情一贯的急躁，他也大怒，对我的砸布告牌又记了一过。我又把第二个布告牌砸了，并站在他的办公室门前，叫陈独秀出来同他说理。此事立即为蔡校长所知，经过蔡的调查，才知道是陈独秀搞错了，叫陈收回成命，并对我进行劝慰，此事遂告平息。这也就是陈独秀认识我的开始。

在北京发生五四运动后，引起了全国的学生运动和工人运动，对于帝国主义和封建官僚军阀进行了激烈的反抗。这时正是段祺瑞执政的时期，段系集团的横行霸道卖国投敌，尤为全国广大人民所愤恨。北大和其他学校学生为此实行罢课，陈独秀的态度是同情并支持学生的爱国行动的。五四运动后期，胡适料理母丧完毕回到北京时，正值学校罢课，胡适曾亲自出面要学生复课，遭到学生的拒绝。胡适又想用釜底抽薪的办法，提议把北大迁到上海，愿去者签名，傅斯年、罗家伦都签了名。陈独秀知道后，把傅、罗叫去训了一顿，此事遂告寝。陈独秀为反对北洋军阀起草了《北京市民宣言》印成传单，并于 1919 年 6 月 11 日与高一涵、邓初 3 个人到万明路新世界去散发。陈遭到警察厅暗探的逮捕，被关押了 3 个月。

当时，为成立全国学联，我正在上海。陈独秀印发反对北洋军阀的传单及被捕的消息传来，我对他改变了过去的看法，产生了好感。陈在新文化运动中是很有影响的，他的被捕在社会上引起了很大的反响。北京学生联合会、上海学生联合会、全国学生联合会、中华工业协会及一些省市的教育会、国民大会等群众团体曾先后发出通电，要求北京政府释放陈独秀。一些知名人士如章士钊等也曾通电保释他。毛泽东同志在《湘江评论》创刊号上写了《陈独秀之被捕及营救》的文章，称誉陈为"思想界的明星"，说他被捕"无非是为着'赛因斯'（科学）和'德莫克拉西'（民主）"。陈独秀于 9 月出狱，此时我已回到北京。陈被释放后，我们在李大钊同志的办公室里欢迎他，并进行了座谈。

1919 年秋，我正准备赴法勤工俭学。10 月 12 日，国民杂志社假南湾子欧美同学会举行成立周年纪念会，并欢送我及陈宝锷赴法勤工俭学（后来陈宝锷并未赴法，而是去英留学）。陈独秀与李大钊、蓝公武、徐宝璜先生都到会欢送并致词。陈独秀的致词，对五四运动评价甚高，对国民杂志社社员有诸多鼓励（陈、李等的致词见《国民》第二卷第一期，1919 年 11 月）。随后，少年中国学会在京会员在中央公园水榭为欢送我们举行茶话会，陈独秀与李大钊同志也参加了欢送会。

我于1919年冬到上海，等候乘船赴法。陈独秀虽然被北洋军阀释放，但一直受到监视。这时，李大钊同志给我打来电报，叫我在上海帮助陈独秀找所房子，准备让他到上海居住。结果我与张国焘帮他找到了渔阳里2号的房子。不久，在李大钊同志的帮助下，陈独秀化装成商人模样逃出北京，到了上海。这时，陈独秀的思想更激进了，他和上海的一批共产主义知识分子结合起来，继续主办《新青年》，发表宣传社会主义思想的文章。随后，他就积极投入了发起创建中国共产党的活动。陈独秀在北大工作3年多的时间里，对北大的改革和发展起了很大的推动作用，这是应予肯定的。

我于1927年1月回国，在广州中山大学教书，并在黄埔军校当政治教官。"四一五"反革命政变的前夕，在黄埔军校政治部主任熊雄同志的催促下，我于4月初离开了广州，敌人捕我的预谋落了空。我应恽代英同志与张国焘之约来到武汉。1927年4月下旬，亦即中国共产党第五次全国代表大会在武汉召开之际，一次，张国焘用马车来接我，说陈独秀请我吃饭。席间，见到了陈独秀，一见面他就说："还是老样子，没有变！"这次聚会共有4桌人，好多熟人都见到了，蔡和森同志也在座，他问我："准备在什么地方工作？"恽代英同志马上接着说："已经安排好了，他到我这里（指武汉中央军事政治学校）工作。"陈独秀与蔡和森同时说："好！好！"我与陈独秀阔别近8年，这次重逢，畅谈甚欢。

抗日战争全面爆发后，陈独秀自南京被释放出狱，随即到了四川江津，住在邓初的医院里（邓初是北京大学邓以蛰教授的二兄，抗战时在四川江津开医院）。那时，我原在重庆，1939年到1940年之间，重庆常为日机轰炸，我遂在白沙找了两间房子，我的子女住在那里。其间，我从重庆到白沙常来常往，船往白沙要经过江津，因此有时就到江津看望陈独秀，师生聚首，谈及五四往事，不胜感慨系之。我大约看望陈独秀一共有4次，后来因为搬回重庆居住，所以也就没有再见面了。

1940年3月5日，蔡元培先生病逝于香港，陈独秀闻讯后写了一篇《蔡孑民先生逝世后感言》，其中说："道德是应该随时代及社会制度变迁，而不是一成不变的；道德是用以自律，而不是拿来责人的；道德是委躬行实践，而不是放在口里乱喊的；道德喊声愈高的社会，那社会必然落后，愈堕落。反之，西洋诸大科学家的行为，不比道貌尊严的神父牧师坏。清代的朴学大师们，比同时汤斌、李光地等一般道学家的心术要善良的多。"这几句话，到现在仍然给我留下很深的印象。

1942年5月27日，陈独秀因患高血压病逝于四川江津，终年63岁。

陈独秀的长子延年、次子乔年均为中国共产党优秀党员。延年、乔年与我同时在法国勤工俭学。1926年底，我回国在广州中山大学任教，延年是中共广东区委书记，当时我在各方面很得他的照顾。"四一二"反革命政变后，延年与赵世炎（即施英）

等同志在上海惨遭杀害。乔年亦于 1928 年被捕牺牲。

　　记得有一件当时令人惊奇现在谈起来也还有趣的事：1919 年下半年，也就是陈独秀尚在北京大学任文科学长的时候，延年和乔年来京看父亲，他们并不直接去陈独秀家里，而是准备了一张名片投递，上面写"拜访独秀先生"，下面写着延年、乔年弟兄的名字。此事一时传为笑谈，人们说陈独秀提倡民主，民主真的到了他的家里。

　　　　　　　　　　（原载《党史研究》1980 年第 4 期，原标题为
　　　　　　　　　　　　　　　　　　　　　　《我和陈独秀》）

4."在我的印象中陈独秀是个了不起的人"

包惠僧

第一次见面

五四运动以后，湖北建立了学生联合会、各界联合会和妇女联合会等团体。当时以学生联合会和各界联合会的名义邀请陈独秀从北京到武汉演讲，以扩大五四运动的影响。五四运动期间，湖北群众曾向督军署、省政府请过愿。那时陈独秀的名声很大，号称新文化运动的"三圣"之一。他到武汉后住在文华书院，在文华书院讲演了几次，讲的内容很广泛，主要是反封建，反对北洋军阀，要自由、平等。

那时我从湖北省立第一师范毕业一年多了，当新闻记者。我以记者的身份专程到文华书院采访了陈独秀，我是抱着崇敬的心情去见他的。见面后我告诉他我是哪个学校毕业的，毕业后因找不到工作当了记者。他说当记者也好，能为社会服务。后来我们谈了五四运动、火烧赵家楼、反封建、婚姻自由（当时有许多女学生同我谈论婚姻自由问题）等问题。陈独秀是汉学专家，他的汉学不在章太炎之下。我还向陈独秀请教学汉学的门路。他指导我读书，讲了做人做事的道理。这次我们谈了个把钟头，分手时我表示惜别，不知以后什么时候能再见面。他说以后还有再见面的机会。他来去匆匆，在武汉时间不长就到上海去了。走之前我又去见了他一次。我是为了采访新闻去找他的，没想到后来我和他交往这么多。他关照我不要写文章向外发表我们的谈话。1920 年下半年，刘伯垂受陈独秀委托来武汉建立共产党的组织，陈独秀让他来找我。在我的印象中陈独秀是个了不起的人，"三圣"之一嘛！以后我同他书信来往很多，他每次来信都不长，一两页，主要是谈工作。我保存着一百多封他的来信，装裱整理成集，封面题《陈仲甫先生遗墨》，并写了前言，"文化大革命"中我怕招惹是非全都烧了。

到广州找他

我再见到陈独秀是从上海去广州找他。

1921年1月, 我由武汉到上海准备去苏联留学, 在上海住在新渔阳里6号。因为没有路费不能成行。这时陈独秀应陈炯明之请已去广东, 共产国际代表维经斯基也离开了上海。上海党组织由李汉俊代理书记。李汉俊刚从日本帝国大学毕业回国, 没有工作经验。"五一"前李汉俊对我说, 人都走了, 经费也没了, 没办法干了。李汉俊因工作关系离不开, 而我见过陈独秀, 又常有书信来往, 于是让我到广州找陈独秀谈谈, 要么请陈独秀回来, 要么把党的机构搬到广州去。我同意去但是没有路费, 此时正巧马哲民 (同我一道由武汉到上海来的一个团员) 的父亲从福建给他寄来200元, 他拿出15元给我做路费。5月1日那天, 我们的住处被巡捕房抄了 (因为我们经常发传单、写文章), 新渔阳里不能再住了, 这样我就坐船由上海到了广州。我去广州还有一个理由, 就是我认识《新青年》的发行人苏新甫, 他是陈独秀的亲戚, 我们武汉支部发行过《新青年》, 我同他打过交道。陈独秀到广州后, 苏新甫也将《新青年》发行处搬到了广州, 这次我去广州前先和苏新甫打了个招呼, 他来信说让我住在《新青年》发行处, 他招待我吃住。一到广州我就去兴昌马路《新青年》发行处找他。

到广州的第二天我见到了陈独秀, 他当时任广东教育委员会委员长、大学预科校长。一见面他很高兴, 我对他说李汉俊让你回上海, 或者把党的机关搬到广州来。陈独秀说这里到处是无政府主义, 对我们造谣诬蔑, 怎么能搬到这里来? 广州在地理位置上不适中，环境也不好，上海居中，陈独秀不同意搬到广州来。他让我多住些日子，苏新甫安排我担任几家报馆里的剪报工作，每天剪报，然后用快信寄给上海、北京、重庆等地，每月给我30块钱。我还给报社写写稿子，也有收入，生活很不错。这样我在广州住了两个来月。

在广州我的事情不多，没事就到陈独秀处去谈天。他住在离江边不远的看云楼，不常到教育委员会上班，也不常出去，经常在家里接待客人、写东西，有客人时居多。我同他无话不谈，关于党怎么搞法，他主张我们应该一面工作，一面搞革命，我们党现在还没有什么工作，要钱也没用，革命要靠自己的力量尽力而为，我们不能要第三国际的钱。当时广州的无政府主义者区声白、朱谦之经常在报上写文章骂陈独秀崇拜卢布，是"卢布主义"。所以陈独秀坚决主张不要别人的钱，他说拿人家钱就要跟人家走，我们一定要独立自主地干，不能受制于人。

关于上海党的工作，陈独秀说：国际代表走了，上海难道就没有事情可做了？李汉俊急什么，中国的无产阶级革命还早得很，可能要一百年上下，中国实现共产主义遥远得很。李汉俊可以先在他哥哥家里住住，我们现在组织了党，不要急，我们要学习，要进步，不能一步登天，要尊重客观事实。

陈独秀主张各种思想争鸣，自由发展，信仰自由，让各种思想都暴露出来，由人民群众评论谁是谁非。我们尽管信仰马克思主义，别人信仰无政府主义也不要紧，并指出不要攻击别人，反对谩骂。

我们还谈了湖北党支部的情况，也谈论学问，做人处世，评论时人。不过他从没有和我谈过张国焘，他知道我与张国焘关系不好。我与陈独秀的关系就是在这段时间建立起来的。这两个月我们几乎天天见面，他比我大15岁，我很尊重他，我们都喜欢彼此的性格。我是读书人，他好比是书箱子，在学问上我受他不少影响，他俨然是我的老师，每次谈话都如同他给我上课，我总是很认真地思考他的话。陈独秀不讲假话，为人正直，喜怒形于色，爱说笑话，很诙谐，可是发起脾气来也不得了。他认为可以信任的人什么都好办，如果不信任就不理你，不怕得罪人，办事不迁就。他说他来广州是陈炯明请他来的，他办了许多学校，办了宣传员养成所（还安排我在宣传员养成所当监学，我没到职），他让我将来回湖北后也按他的办法去搞。他身体很好，从不休息，不是同人谈话就是写作。有一天，在某个场合有人说"天上有个九头鸟，地下有个湖北佬……"这是骂湖北人的话。陈独秀听了后说："不见得，包惠僧、刘伯垂就是好人。"

广州组织选派参加党的一大代表

广州的党员有谭平山，是支部书记，北大毕业生。陈公博也是北大毕业生，法专的教授、宣传员养成所所长、《广州日报》总编辑。《广州日报》是陈独秀办的，我也为该报写过文章。还有谭植棠，是教书的，也是北大毕业生。刘尔崧是个中学生。还有个姓李的教员，加上陈独秀和我，共7个人。党员们每周开一次会。有一天，陈独秀召集我们在谭植棠家里开会，说接到上海李汉俊的来信，信上说第三国际和赤色职工国际派了两个代表到上海，要召开中国共产党的发起会，要陈独秀回上海，请广州支部派两个人出席会议，还寄来200元路费。陈独秀说第一他不能去，至少现在不能去，因为他兼大学预科校长，正在争取一笔款子修建校舍，他一走款子就不好办了。第二可以派陈公博和包惠僧两个人去出席会议，陈公博是办报的，又是宣传员养成所所长，知道的事情多，报纸编辑工作可由谭植棠代理。包惠僧是湖北党组织的人，开完会后就可以回去（会前陈独秀与我谈过，还让我回湖北工作，大概他已经接到上海的信了）。其他几个人都忙，离不开。陈独秀年长，我们又都是他的学生，他说了以后大家就没有什么好讲的了，同意了他的意见。有人说陈独秀是家长作风，当时是有一点。这样我就坐直达上海的海船到了上海，仍住在新渔阳里6号。陈公博刚刚结婚，带了新娘坐邮船到上海，住在大东亚旅馆，我和陈公博见面后他叫我往广州打了个电报，报告我们平安到达了。

从广州回上海

在新文化运动中，陈独秀创办《新青年》杂志，又应蔡元培

27

之聘担任北京大学文科学长。他和李大钊等积极宣传新思想、新文化，成了全国著名人物之一。五四运动中，陈独秀曾被北洋军阀政府逮捕，释放后到了上海。

在建党方面陈独秀也是有功绩的。第三国际几次派代表来中国都是找的陈独秀，把组建中国共产党的任务交给了他。所以尽管陈独秀没有出席中国共产党第一次全国代表大会，但是大会还是选举他担任党的总书记（应为中央局书记）。一大后，马林（第三国际代表）、张国焘、李达、周佛海和我开了一次会，讨论请陈独秀回上海的问题。马林说，陈独秀当选为中国共产党总书记就应尽到责任，需回来担任总书记职务，别人代理不行（陈独秀不在，中央局书记职务由周佛海代理，周是日本帝国大学学生，要回日本去上学。张国焘想代理，又说不出口），国际上没有这样的先例。又说，千万不能做资产阶级的官吏，还没有一个国家的共产党领导人在资产阶级政府里做官，会议决定派我去广州接陈独秀。

我到广州时，正值他和广东的军阀们闹得很不愉快。我告诉他上海的情形，他说他不完全同意马林的意见，但是答应回上海。他向陈炯明提出辞职，陈炯明不同意，后来他就请假同我回上海了。在船上，我问他中国革命怎么革法？他说，共产主义运动是国际的潮流，共产主义在中国怎样进行还要摸索。他认为由于各个国家情况不同，马克思主义的发展形态也各异，在中国是什么样子还要看发展。他说他干革命是因为不满现状，尤其不满北洋军阀的乌烟瘴气。作为共产党首先要信仰马克思主义，其次是发动工人、组织工人、武装工人，推翻资产阶级政权，消灭剥削制度，建立无产阶级专政。陈独秀读的马克思主义的书比我们多，他有读书的修养，也有办法找到书。

关于第三国际，陈独秀说我们没有必要靠它，现在我们还没有阵地，以后工作展开了再找第三国际联系。马林说过，中国共产党从成立起就编入了第三国际，是国际的一个支部，他们承认与否没有用，对于这点陈独秀是反感的。我和陈独秀还谈了武汉党的工作等问题，当时陈独秀年近40，但精神和言论谈吐同青年人一样。

我们乘的船下午两三点钟到了上海。陈独秀的家住在老渔阳里2号，我住在马霍路马德里3号楼上。我一到上海就派丁竹倩（即丁默邨，团员）去告诉张国焘说，陈独秀回来了，第二天马林和张国焘去看了陈独秀。

第三天我到劳动组合书记部去，碰到张太雷同陈独秀谈和马林的关系问题。张太雷（又名春木）到过苏联，从苏联回来后协助马林工作。张太雷也认为共产主义运动在全世界是共同的，不仅中国共产党，各国的共产党都是第三国际的支部。我们在和马林的接触中，感到他总是以国际代表的身份自居，居高临下，高人一等。另外，每次开会张国焘都爱当主席，当大家对某个问题争论不休时，张国焘就说，先记录下来，等马林来了再定，搞得大家很不愉快。陈独秀同马林反复交谈了三四次，还是谈不拢。

陈独秀对大家说，我们不能靠马林，要靠中国人自己组织党，中国革命靠中国人自己干，要一面工作，一面革命。他让我将来回武汉或是到重庆教书（重庆那时没有党组织），我说听你的意见。

陈独秀被捕

回到上海后，有一天我和周佛海、杨明斋到陈独秀家里，柯庆施（团员）也去了。陈独秀正在楼上睡午觉，高君曼让我们陪她打牌。我们刚打了两圈，可能是下午两三点的样子，有人拍前门。当时上海一般习惯是出入后门。我去开门，进来两三个"白相人"，说要见陈独秀（因报纸上刊登过陈回到上海的消息）。我说他不在家，高君曼也说陈先生不在家。那几个人又说要买《新青年》，我说这里不卖，大自鸣钟下有卖的。这时，周佛海就走了。那几个人边说着话边跨进门里来，指着堆在地上的《新青年》说，这儿不是有吗？（《新青年》在上海印，印量很大，陈独秀家里四处都堆放满了）这时陈独秀穿着拖鞋下楼来了，见这情形想从后门出去，到门口一看有人把守，就又回到前厅。我们和那几个人谈话中显得有点紧张，但谁都没有说出陈独秀来。不一会儿来了两部汽车，我们5个人（我、杨明斋、柯庆施、高君曼和陈独秀）被捕了。到巡捕房已经4点多钟了。巡捕房问了我们的姓名、职业、与陈独秀的关系等，陈独秀报名王坦甫，我报名杨一如,其他人也报了假名字,接着打了指纹,这时已经 5 点多钟了。不久褚辅成(字惠生,北京众议院副议长,上海法学院院长)、邵力子也先后被捕。褚辅成一见陈独秀就拉着他的手说:"仲甫,怎么回事,一到你家就把我搞到这儿来了!"这一下陈独秀就暴露了。褚辅成和邵力子在弄清身份后就被释放了。我们被送进牢房,包打听指着我们对看监的人说,他们都是教育界的名人,对待他们要好一点。晚上监里给我们送来两床被,我们垫一条,盖一条。牢房里放着一缸冷水,一个马桶。高君曼被关在隔壁,彼此可以听见说话声,见不到面。

第二天,在会审公堂审问时,法庭认为我们是陈独秀的党徒,陈独秀说:"他们是我的客人,高是家庭妇女,客人陪我太太打牌,有事我负责,和客人无关。"后来就将高君曼释放了,其他人仍回监。在牢中陈独秀对我说,他家里有马林给他的信,如果被搜出来可能要判七八年刑。他打算坐牢,让我们出去后继续干,不愿干也不勉强,叫我还是回武汉去工作。

陈独秀是个有影响的人物,被捕后上海闹得满城风雨。第三天褚辅成和张继等就将他保释出去了。马林为营救我们做了不少工作,花了许多钱请律师(律师名巴和,是法国人或英国人)、买铺保。陈独秀只关了两天,我们关了 5 天后也被保释出来,人放出来,但要随传随到。20 多天以后又会审,说陈独秀宣传赤化,最后定案是《新青年》有过激言论。经过马林的种种活动,结果罚款 5000 元了事。

陈独秀打完官司后就辞去了广东的职务。沈雁冰和商务印书馆的老板王云五商量，请陈独秀担任商务印书馆的名誉编辑。陈独秀说工作可以少做点，钱也少拿点，能过生活就行。沈雁冰同陈独秀谈这事时我也在座。

陈独秀被捕后张国焘做了一件坏事。张国焘散发传单，题目是《伟大的陈独秀》或《陈独秀的生平》，说陈独秀出了研究室就进牢房，出了牢房又坐研究室……这传单如果被拿到法庭就是陈独秀的罪证。张国焘已散发了一些，我们看到传单后很生气，不让他再散发了。张国焘的用意是想包揽党的事情，让陈独秀在牢中当书记。

陈独秀打完官司后作为合法公民，负起党的总书记责任。马林为营救陈独秀等人出了不少力，为此两人的关系逐渐好了。

1921年九十月间，我按照陈独秀的意见回武汉工作，担任中共武汉支部书记，兼中国劳动组合书记部长江支部主任。当时劳动组合书记部总部在上海，张国焘兼总部主任，南方支部主任是谭平山，北方支部主任是罗章龙。

在南京

1932年10月，由于谢立功、费侠向国民党特务告密，陈独秀在上海第二次被捕，押到南京被判7年徒刑。国民党军政部长何应钦曾经接陈独秀到军政部，请他写字，陈独秀提笔写了“三军可夺帅也，匹夫不可夺志也”。何应钦客套了一番，陈独秀无动于衷。1937年全民族抗战爆发后，张伯苓（天津南开大学校长）、胡适把陈独秀保了出来。丁默邨（丁竹倩，在调查统计局当处长）去老虎桥中央监狱接陈独秀出来。陈独秀可以住国民党中央党部的招待所，但是他不愿意去，就住在傅斯年家里。傅斯年是陈在北大时的学生，这时在南京大学当教授。丁默邨把陈独秀出狱的事告诉了我，报纸上也登了陈独秀出狱的消息。陈在狱中时曾有记者去访问过他，问他狱里生活怎么样，他说可以，还可以。这是陈独秀习惯的说法。

当时我在国民政府内政部当参事，我去傅厚岗傅斯年家看望陈独秀，他还没见老，50多岁，胡子没有剃。正和一位潘女士在做饭（潘女士原是上海的一个女工，陈独秀坐牢时，她在南京送了3年牢饭，这时他们在一起生活）。我和陈独秀寒暄过后问他好不好住，他说可以，还可以。我住在莫愁路一座独院里，想接他去住，他不去，他说哪儿都一样，常见面就行了，不愿意给别人找麻烦。以后陈独秀又搬到他一个亲戚家，房子不错，他住在楼上。一天请他给我写个字留念，他买来宣纸写了岳飞满江红的一段，款称惠僧老兄，“三十功名尘与土，八千里路云和月，莫等闲白了少年头，空悲切。”落款独秀。写好后亲自送到我家。从他选材的思想来看，他对自己是悲观感叹的。听周佛海说，胡适曾讲过有一家美国图书公司，想请陈独秀去美国写自传，陈独秀不去。后来我问陈为什么不去，他说他生活很简单不用去美国，也厌烦见生人。有一次陈独秀对我说，老干们（指王明等人）不会欢迎我，我也犯不着找他们。当时胡适、张伯苓、周佛海等想拉陈独秀进国防参议会，他不去。他说蒋介石杀了我许多同志，还杀了我两个儿子，我和他不共戴天，现在大敌当前国共二次合作，既然是国家需要他合作抗日，我不反对他就是了。

有一天，在我家或陈独秀住处见到罗汉，罗说他要去延安，陈独秀同意他去。陈似乎也想去延安。后来听说延安的意见是陈独秀可以去，但要写个悔过书。陈独秀说现在乱哄哄的时代，谁有过谁无过还在未定之天，不写，有什么过可悔？

有一次，陈独秀在我家说他不是托派，想发表个声明，但是他又一想既然不是托派何必发表声明。后来他问我有没有谈得来的新闻记者，打算以同记者谈话的方式发表声明。我和《中央日报》总编辑程沧波常在周佛海家见面，陈说他想见见程沧波，我就约了他们在我家里会面。陈独秀写了个条子"陈独秀，字仲甫，亦号实庵，安徽怀宁人。中国有无托派我不知道，我不是托派！"他把条子交给我，我交给程沧波，程好像没有拿走。我送程沧波出门时说，这个老先生想声明不是托派，打算借记者的口说出来。程沧波说试试看，后来没有发表。陈独秀不愿意自己登广告，他说无求于世。在牢中他写了一本书，书名《声韵学》，由商务印书馆出版了。

在武汉

陈独秀去武汉前，我给湖北省主席何成浚写了封信，请他照顾一下陈，不要找他的麻烦。何成浚来信说他同陈独秀也算老相识了，以前他们曾在北京见过面，这次也想见见陈。陈独秀出狱后约两个月便离开南京去武汉。船到武汉，我的同学程仲伯在码头上接他，住在武昌一个姓兰的家里。这位姓兰的慕陈独秀的名，特地请他去住，房子很像样子，有家具。何成浚交代武昌公安局长蔡孟坚照顾陈独秀，谁知蔡孟坚经常去盘问他，弄得他很不高兴。后来陈搬到汉口德润里暂住，每天在家读书写作。不久，我也到了武汉。临行前在南京周佛海家里，陶希圣托我带给陈独秀 200 块钱。陶希圣是陈独秀的学生，陶说钱是北大的几个同学凑的。当我把钱交给陈独秀时，他先犹豫了一下，后来说是北大学生给我的，不好不收。这时张国焘已经叛变了。张国焘、谭平山都去看过陈独秀。有一天，张国焘对我说他想再组织个共产党，想拉陈独秀来顶这块招牌，陈独秀没有理他。后来陈独秀对我说："张国焘想拉我，我对他说我没有这个能耐。"谭平山也去找过陈独秀组织第三党，陈无意于此，他主张抗战救国。

陈独秀的生活很苦，只有很少的一点收入，出版《独秀文存》有一点版税，还有几本书可拿一点版税，北大有几个学生有时送他一点钱，大概胡适也资助过他。

在江津

1938年5月,我们分别到了重庆,起初陈独秀住在李仲公的办事处(李仲公是禁烟委员会主任委员)。不久就搬到江津,先住在江津城里,后来搬到乡下杨进士宅,最后就死在那里。陈独秀在江津写过一篇文章,好像是国际形势与中国革命问题,在重庆《大公报》上发表过。第一天未登完,第二天《大公报》开了天窗,这显然是不让陈独秀发表言论。陈患有高血压、心脏病,去重庆治病时还找过我。我们常有书信来往,他还写信说我应该活动一点,既然做官做个县官也好,做什么参事。这时我虽然也不富裕,但比起陈独秀来要好一点,我想接他到陈家桥来一块儿住,他推辞说"年老多病,行动不便"。

1942年5月,听说陈独秀病了,我的妻子夏松云同杨子烈给他送去30块钱,好像是段锡朋等北大学生凑的钱。夏松云回来告诉我说老先生非常思念你,老先生说惠僧要是来了多好。听了这话我第二天即赶到江津去看望他。我是下午1点钟到的,可是他在上午9点钟就昏迷过去了。有一个叫何之瑜的人在场,不让我进去惊动他,说以前也昏迷过;过一会儿就醒的,后来我见到潘女士,她泪流满面拉着我进去看陈独秀,只见他安静地躺在床上,已经是弥留状态。到了晚上8点钟,潘女士喊我进去,她一手托着他的头一手拉着他的手说:"老先生,包先生来了。"并拨开了他的眼皮，我紧紧地看着他，只见他的眼珠还动了一下，似有所觉，还流出了眼泪，然后就断了……

他们院里堆了一大堆土豆，是陈独秀和潘女士种的。他们用的家具是些破桌子破椅子，生活很苦。过了几天，在重庆看到报上登载安徽同乡会送了一副楠木棺材把陈独秀安葬在江津河畔。

陈独秀死了，他的一生是艰苦多事的一生，我想把他一生的学问、文章、事业、生活再作研究，作为评论是非的材料。

（原载《党史研究资料》1979 年第 3、5、8 期，原标题为《我所知道的陈独秀》，高荣光整理）

5. 陈独秀和上海亚东图书馆

汪原放

上海亚东图书馆是我的叔父汪孟邹在 1913 年创办的一家书店，到 1953 年结束。汪孟邹和陈独秀早在辛亥革命前就有很深的交往，亚东又始终是在陈独秀的倡议和关注下创办和发展起来的。

亚东图书馆的前身是芜湖科学图书社。叔父汪孟邹于 1903 年在芜湖创办科学图书社，经销新书、文具、仪器，传播科学知识，有匡时济世的抱负。我 13 岁那年（1909 年）到科学图书社去当学徒。我最早在这里听说陈独秀从事革命活动的事迹。

1904 年，陈独秀写信给汪孟邹，要到芜湖来办《安徽俗话报》。不久，就住到科学图书社的楼上办了起来。在大约一年时间内，共编辑出版了 23 期。每期出版后，陈独秀都是亲自动手分发、卷封、付邮，勤勤恳恳为传播革命思想而努力工作。

1905年，陈独秀一面在高等学校里教书，同时继续在军人和知识分子中从事革命活动。

1911年10月武昌起义后，柏文蔚穿上军装，继任安徽都督，陈独秀则担任了都督府的秘书长。

辛亥革命后，陈独秀和柏文蔚都主张汪孟邹办好科学图书社，再到上海开书店，继续传播新思想。

1913年春，汪孟邹带我到上海，在四马路惠福里创办了亚东图书馆，添上一个职工，总共是3个工作人员。

辛亥革命后，柏文蔚手下的军队被袁世凯收买，柏文蔚被免去都督的职务。1913年8月，柏文蔚被迫离开安庆，陈独秀也亡命上海，重新回到文化战线上进行战斗。1915年，陈独秀从日本回国，筹备创刊《青年杂志》。他和汪孟邹商量，要亚东承担出版发行工作。汪孟邹转介绍给群益书社的陈子沛，商定每月编辑费和稿费200元，月出一本。

1915年9月15日，《青年杂志》创刊了，陈独秀用热情奔放的笔调，写了《敬告青年》一文。他号召青年"进冒险苦斗之兵"去"战胜恶社会"；他亮出"科学与人权（民主）并重"两面旗帜，把民主和科学比为"若舟车之有两轮焉"；他呼吁解放思想，与旧传统、旧思想彻底决裂，表现出一个激进民主主义者冲决罗网的英勇气概。

《青年杂志》出版后，受到广大青年的欢迎。从1916年起改名为《新青年》，每期销售数达一万五六千册，超过清末风行一时的《新民丛报》，正如陈独秀所预料的，在中国新文化运动史上产生了巨大的影响。

在陈独秀的支持下，1918年创刊的《每周评论》交亚东经销；五四以后，北京大学的《新潮》、少年中国学会的《少年中国》《少年世界》，都通过陈独秀的介绍到亚东来印行。孙中山先生的《建设》杂志，也由朱执信亲自来亚东联系，交亚东出版发行了24期。

亚东出版了反映新文化运动成果的《独秀文存》《胡适文存》初集、《吴虞文录》，并出版了有影响的新诗集，成为国内有影响的一家书店。汪孟邹对陈独秀始终是十分信服的。

1920年1月，陈独秀回到上海。这年8月左右，中国共产党上海发起组成立。亚东五马路的发行所是陈独秀几乎每天都要来的地方。他一上楼，就坐在那张红木八仙桌旁，和我叔叔滔滔不绝地谈论起来。

为了传播马克思主义，恽代英同志于1919年冬在武昌创办利群书社；毛泽东同志则于1920年7月在长沙创办文化书社。陈独秀为这两家书社都向亚东作了300元营业额往来的担保。毛泽东同志曾经拿了陈独秀的保单，亲自到亚东来联系。现在推算起来，时间当在1920年5月到7月间。亚东和利群书社、文化书社的业务往来，在亚东《万年清》账册上均有原始记录，往来账目都未结清。解放后汪孟邹还说过，这已经成了历史文物了。

可惜在"文化大革命"中这些账册都已经散失了。

1921年建党后，次年9月《向导》周刊创刊，刊头"向导"二字就是陈独秀的手笔。陈独秀请李达来找我，要我代为设计一下版面式样。《向导》创刊号的左上角上刊登了广州、上海、北京、长沙4个分售处。上海分售处就是亚东。1923年冬，党创办了上海书店，毛泽民、苏新甫和亚东始终保持业务上的联系。

1926年3月底，从德国留学回来后在黄埔军校担任教官的高语罕，穿了一身褴褛的衣服逃到上海，住在亚东长沙路的房子里。高语罕对蒋介石在黄埔军校的行径十分不满。他愤慨地说："黄埔军校竟然升起写'蒋'字的大旗。校长吃饭，要军乐队伴奏。真不成体统！"陈独秀说服高语罕要冷静、忍耐。后来，陈独秀在《向导》上发表《中国革命势力统一政策与广州事变》一文，辩解说："共产党没有想阴谋推倒蒋介石，改建工农政府"，称蒋介石是"民族革命运动中的一个柱石"。

八七会议撤销了陈独秀总书记的职务后，他决定从武汉回上海，当时避居在武昌一条深巷的普通民房里。我去见他时，他正赤着膊，披了一大块白布做的汗巾，像一个拉大车的苦力，躺在竹榻上。他要我去上海一行，听听汪孟邹的意见，能否回上海。8月底，我回到武汉，把汪孟邹赞成他回上海的意见告诉他。我们包了4个铺位的一个客舱，我和文容等3人伴送陈独秀回上海。陈独秀戴了风帽，装扮成一个病人，躺在上铺，吃饭也在舱内。船到九江，正值中秋，半夜以后，甲板上人少了，陈独秀出来凭栏赏了一会儿江月。一路上，陈独秀躺在床上很少开口。他经常喃喃自语的只有一句话："中国革命应该由中国人自己来领导。"看来，他对共产国际对中国革命的指导抱着强烈的对立情绪。虽然他的年龄还不到五十，他那铁板的脸、紧闭的嘴角，显出倔强顽固的神态，很像一个已经到了垂暮之年、固执己见的老人。回到上海后，我们把陈独秀送到酱园弄彭礼和家里。后来，他又搬到浙江北路的一个小弄堂里居住。

1930年左右，汪孟邹去看陈独秀后，回来说："仲甫说托洛茨基好，他们要成立反对派了。"

1932年，陈独秀被捕后，汪孟邹、章士钊都进行过营救活动。章士钊还担任陈独秀的辩护律师，编过一本《陈案书状汇录》，由亚东图书馆排印，只印了一百本左右。陈独秀判刑后，关在南京陆军监狱，我有时前去探望。他对我说他要写信给高语罕、李季，要他们写争取民主的文章。他劝说我："亚东应该向国民党活动，招点股，再邀几个朋友。胡适之不要邀进来。"他甚至提出，我们弟兄俩应该进国民党做事，可以救救朋友。

1936年，沈雁冰主编《中国的一日》，5月初给我一信，要我约陈独秀写一篇稿子，陈独秀写了一篇题为《中国的一日》的短文。

章士钊曾经在一封信中对陈独秀说：陈和南京对江西是犄角之势。他在狱中把章士钊的信给我看了以后说："我不要行严为我辩护了。"

1937 年，陈独秀出狱后到了武汉，之后定居四川江津。1942 年就死在那里。

（原载《上海史研究》，原标题为《陈独秀和上海亚东图书馆》，上海市宗教审务局刘建整理）

6.“我很佩服他的毅力与责任心”

蔡元培

　　25 年前，我在上海《警钟报》社服务的时候，知道陈仲甫君。那时候，我们所做的，都是表面普及知识、暗中鼓吹革命的工作。我所最不能忘的，是陈君在芜湖，与同志数人合办一种白话报，他人逐渐的因不耐苦而脱离了，陈君独力支撑了几个月。我很佩服他的毅力与责任心。

　　后来陈君往日本，我往欧洲，多年不相闻问。直到民国六年（1917 年），我任北京大学校长，与汤君尔和商及文科学长人选，汤君推陈独秀，说独秀即仲甫，并以《新青年》十余本示我。我问明陈君住址，就到前门外某旅馆访他，他答应相助。陈君任北大文科学长后，与沈尹默、钱玄同、刘半农、周启明诸君甚相得；后来又聘到已在《新青年》上发表过文学革命通讯的胡适之君，益复兴高采烈，渐渐引起新文化的运动来。后来陈君

离了北京，我们两人见面的机会就很少；我记得的，只有民国
十五年（1926 年）冬季在亚东图书馆与今年在看守所两次。他
所作的文，我也很难得读到了。

这部文存所存的，都是陈君在《新青年》上发表过的文章，
大抵取推翻旧习惯、创造新生命的态度；而文笔廉悍，足药拖沓
含糊等病；即到今日，仍没有失掉青年模范文的资格。我所以写
几句话，替他介绍。

中华民国二十二年（1933 年）四月

（原为《独秀文存》序言，亚东图书馆 1933 年版）

7.“诗做得很好，字其俗入骨”

沈尹默

光绪末叶，陈独秀（那时名仲甫）从东北到杭州陆军小学教书，和同校教员刘三友善。刘三原名刘季平，松江人，是当时江南的一位著时望的文人，以“刘三”名，能诗善饮，同我和沈士远相识。有一次，刘三招饮我和士远，从上午11时直喝到晚间9时，我因不嗜酒，辞归寓所，即兴写了一首五言古诗，翌日送请刘三指教。刘三张之于壁间，陈仲甫来访得见，因问沈尹默何许人。隔日，陈到我寓所来访，一进门，大声说：“我叫陈仲甫，昨天在刘三家看到你写的诗，诗做得很好，字其俗入骨。”这件事情隔了半个多世纪，陈仲甫那一天的音容如在目前。当时，我听了颇觉刺耳，但转而一想，我的字确实不好，受南京仇涞之老先生的影响，用长锋羊毫，又不能提腕，所以写不好。也许是受了陈独秀当头一棒的刺激吧，从此我就发愤钻研书法了。

我和陈独秀从那时订交，在杭州的那段时期，我和刘三、陈独秀夫妇时相过从，徜徉于湖山之间，相得甚欢。

1917 年，蔡先生来北大后，有一天，我从琉璃厂经过，忽遇陈独秀，故友重逢，大喜。我问他："你什么时候来的？"他说："我在上海办《新青年》杂志，又和亚东图书馆汪原放合编一部辞典，到北京募款来的。"我问了他住的旅馆地址后，要他暂时不要返沪，过天去拜访。

我回北大，即告诉蔡先生，陈独秀到北京来了，并向蔡推荐陈独秀任北大文科学长。蔡先生甚喜，要我去找陈独秀征其同意。不料，陈独秀拒绝，他说要回上海办《新青年》。我再告蔡先生，蔡云："你和他说，要他把《新青年》杂志搬到北京来办吧。"我把蔡先生的殷勤之意告诉独秀，他慨然应允，就把《新青年》搬到北京，他自己就到北大来担任文科学长了。

我遇见陈独秀后，也即刻告诉了汤尔和，尔和很同意推荐独秀到北大，他大约也向蔡先生进过言。

《新青年》搬到北京后，成立了新的编辑委员会，编委 7 人：陈独秀、周树人、周作人、钱玄同、胡适、刘半农、沈尹默。并规定由 7 个编委轮流编辑，每期一人，周而复始。我因为眼睛有病，且自忖非所长，因此轮到我的时候，我请玄同、半农代我编。我也写过一些稿子在《新青年》上发表，但编辑委员则仅负名义而已。

胡适是在美国留学时投稿《新青年》，得到陈独秀赏识的，回国以后，在北大教书。《新青年》在北京出版后，曾发生一件事：钱玄同、刘半农化名写文章在《新青年》上发表，驳林琴南复古谬论，玄同、半农的文笔犀利，讽刺挖苦（当时，"打倒孔家店"的口号已提出来），胡适大加反对，认为"化名写这种游戏文章，不是正人君子做的"，并且不许半农再编《新青年》，要由他一个人独编。我对胡适说："你不要这样做，要么我们大家都不编，还是给独秀一个人编吧。"二周兄弟（树人、作人）对胡适这种态度也大加反对，他们对胡适说："你来编，我们都不投稿。"胡乃缩手。由这件事也可看出，胡适从"改良文学"到逐渐复古，走到梁任公、林琴南一边，不是偶然的。

（原载《五四运动回忆录》（续），中国社会科学出版社1979 年版）

8. "他是一个时代悲剧的主角"

沈宣平

提起陈独秀，总令人忘不了这一个时代悲剧的主角，少年刻苦奋斗，中年轰轰烈烈，暮境萧瑟凄凉。在五四运动和《新青年》时代，提倡新文化，他曾尽过一番大力，后来转入政治的旋涡，经过多年纷扰，只落得孤寂与暗淡的收场。毕竟为功为罪，还有待将来历史学家的论定，不过在近代中国文化史、思想史、政治史、社会运动史上，是必得有记载的一笔。

他原名仲甫，一名由己，晚号实庵，别署"独秀山民"。民元前三十三年（1879 年）生于安徽省怀宁县。他的父亲在他襁褓中就已过世，仗一个严厉的祖父，一个能干而仁慈的母亲，以及忠厚老实的哥哥，把他抚养长大。6 岁起，就由他祖父教他读书，因为他天性顿悟，倒也读得上口，只是老年人爱孙心切，未免求之过急，恨不得要这小孙儿在一年之中读完四书五经，好来个显亲扬名,所以把他管得很严。有时背不熟书,他便要狠狠地毒打。然而倔强的孩子总是一声不做,也不哭。这更恼怒了老祖父,说他性子这样刚烈,将来就必定会成个坏孩子。在中庸的训顺的村儒眼光里看来,这样的孩子当然有些不入眼。其实,意志坚强、顽皮淘气的儿童不一定就没出息。

后来祖父死了,他跟哥哥另外拜了塾师,12岁时开始读《昭明文选》,很能读出一点意味。那时科举盛行,传统的八股教育,差不多每一个青年都得受它的折磨。他读了书,自然也不能例外。因为家族亲友都在巴望他应考中举,光耀门楣,到了17岁那年,他为母亲、哥哥逼着,勉强也看看应试制艺,以备县试府试。在院试时,宗师出的题目是什么"鱼鳖不可胜食也材木"的截搭题。他把读熟的《文选》上鸟兽草木的奇字难句一股脑儿塞满了卷子,居然取了第一名,这使得他的母亲很高兴。第二年秋天,他去南京赴乡试,看了考场内外的形形色色。

层出不穷的怪现象使他感觉轮才大典的虚谎,憎厌那些考生的迂腐与无聊,国家大政一旦落在他们手里,定然国族民生两皆遭殃,最后免不了弄得一塌糊涂。因此,他对现实政治的信仰起了动摇,逐渐转向维新的方面去,对康梁颇表同情。

不久,他丢了制艺,跑到日本去留学,先后就读于正则英语学校及早稻田大学,读通了英、法、日三国文字。民元前九年(1903年),《国民日日报》在上海创刊,他回来当了编辑,与章行严、何梅士等天天聚在一块儿,抵掌谈论国家大事,意气最相投，后来苏曼殊由吴中公学执教回沪，也进报馆担任翻译。曼殊这时在中文方面很受他们的指导。由他的启示，曼殊开始作诗。他那清丽的诗才得以充分激发，和独秀的关系怕是不小的。所以曼殊常称他"畏友仲子"，二人的交谊也很密切。曼殊有诗书送给他，他也给曼殊编著的《梵文典》题诗道：

> 千年绝学从今起，愿罄全功利有情。
>
> 罗典文章曾再世，悉昙天语竟销声。
>
> 众生茧缚乌难白，人性泥途马不鸣。
>
> 本原不随春梦去，雪山深处见先生。

迨后，《国民日日报》因鼓吹革命，被迫停刊，他便跑回安徽，一面教书、一面宣传革命。芜湖的"安徽公学"原设在湖南，经他一番倡议，遂把学校搬回来，由桐城名士李德高（光炯）主持校务。担任教职的除他而外，有义征刘师培（申叔）、丹从赵声（伯先）、湘乡张通典（伯纯）和她的女儿张昭汉（默君）、香山苏曼殊（子谷）、会检陶成章（焕卿）、嘉兴鹿保铨（薇生）、寿县柏文蔚（烈武）、歙县江彤侯（一木）等，都是当时富于革命思想的人物，皖中青年受了他们的陶冶，在辛亥革命时爆发了灿烂的火花。他还在芜湖创建了一个《安徽俗话报》，用俚言俗语批评时政，很有力量，和南京安庆各地的革命团体互相应和，办得着实有声有色。

民国成立，柏文蔚出任院督，他被邀去当过一任都督府的秘书长。到"二次革命"失败，柏氏退出安庆，他逃往芜湖，给驻防的某军官抓住，把他关了起来。这位军人原也是反袁运动的一员，只为了细小的缘故和柏文蔚闹翻，而且还弄到独秀身上。已经出了布告，说是要把他枪毙，他听了不慌不忙，从容地催促道："要枪决就快点！"后来经过好友范鸿仙、刘叔雅、张子刚奔走营救，总算免了一场大祸。在安徽站脚不住，他避到上海，一度亡命日本，生活很苦，但他依旧保持乐观，努力研究自己的学问。

民国六年（1917年），蔡元培受命继长北京大学，请他担任文科学长，新旧教授如沈尹默、沈廉士、钱玄同、周育才、胡适之、刘半农都倾向于新思想新文化，于是文学革命、思想革命澎湃一时。他又编印《新青年》这个有历史意义的杂志。鼓吹新学说、新思想，提出六项基本的改革信条：一、自主的而非奴隶的；二、进步的而非保守的；三、进取的而非退隐的；四、世界的而非锁国的；五、实利的而非虚文的；六、科学的而非想象的。在五四当年，曾经发生过广泛的影响。他又堂堂正正、旗帜鲜明地挚举"德谟克拉西"（民主）和"赛因斯"（科学）两个口号，使全国文化界、思想界掀起巨大的波澜。原来在北洋军阀把持下的腐败糊涂的官僚政治，以他犀利的眼光，早就看出它没落和崩溃的必然性。中国要想从军阀政治和次殖民地的双重束缚压迫下解放出来，建立一个自由独立的国家，在政治上必须民族化，在文化上必须科学化，这是民族转弱为强、转衰为盛过程中绕不过的一条大路。故启蒙到今天我们还是走着这个正确的途径。

其次，五四时期的新文学运动，启导我国文化革新的先机，一般人都知道胡适是提倡文学革命的健将，不知陈独秀的提倡白话文还在辛亥革命以前。五四时期，胡适发表《文学改良刍议》，如不是陈独秀的大刀阔斧，凌厉无前。推倒陈腐的、烂调的、迂晦的文言，建设新鲜的、实际的、明了的语气。文学革命的完成还不知道要等待多少年月，由胡氏的倡议，陈氏的呐喊。彼响斯应，才能在短期内收了功效，而新文化、新思潮也顺利地灌输进国内来，造成一支新的文化主流。

民国七年（1918年），他和李大钊创办《每周评论》，发表政见主张，言论渐趋激烈，文学也更激昂动人。翌年，因该刊批评时政，触怒了安福系政府，被拘进80多天。民国九年（1920年），苏俄维经斯基来华，约他组建中国共产党，这样他就以激进的自由思想者跳进了政治的旋涡，几乎有十年以上的时光在这里载沉载浮。他有坚强的意志、犀利的目光，靠这一点，他不轻易动摇或变节。共产党组建起来后，他一面推进地下工作，一面在广东主编《前沿杂志》，把中国的传统思想、传统文化一律提出批判。民国十一年（1922年），回到上海，依旧从事开展党务的工作，中间曾被法租界捕房抓去，经由广东政府的营救，罚款了事。民国十二年（1923年），他以中国共产党中央执行委员会委员长的资格前往莫斯科，出席第三国际第四次世界大会。民国十三年（1924年），国民党改组，他由胡汉民、汪××的介绍，加入国民党。从此，他大部分时间做秘密工作，不大露面，只在《向导》及《新青年》上还经常发表政治斗争的理论文字。民国十六年（1927年），革命军抵达长江流域，国共分家。他的行踪更为诡密，长次二子延年、乔年也都牺牲了。中共因他倾向托洛茨基主义，把他开除党籍。民国二十一年（1932年）11月15日，在上海被捕，押解南京，过他的缧绁生活。抗战军兴，他才被释放，由南京而武汉而巴蜀。息影于江津鹤山坪，闭门谢客，屏绝世务。民国三十一年（1942年）5月27日，在孤独抑郁中结束了他波谲变幻的一生。

（原载《经纬副刊》第1期，原标题为《陈独秀的生与死》）

9. "李大钊挺身而出，
自愿护送陈独秀"

高一涵

这是 1919 年冬的事。

在北京发生五四运动后，引起了全国的学生运动和工人运动，对帝国主义和封建官僚军阀进行了激烈的反抗。这时正是段祺瑞执政的时期，段系集团的横行霸道，尤为全国广大人民所仇视。因为北京大学是五四运动的发源地，段系集团更视之为眼中钉。对北大教授具有先进思想的，或赞成苏俄革命的，都称之为"过激派"，对陈独秀、李大钊等则早称之为"过激派"的首领。

陈独秀在这时，可以算作激进的民主主义者，他的性情一贯的急躁，反对北洋军阀尤其激烈。有一天，他起草了《北京市民宣言》，大约有十几条。交由胡适把它译成英文。在夏天的夜里,我同陈独秀一道到嵩祝寺旁边一个小印刷所去印刷这个《北京市民宣言》。因为这个印刷所是为北大印讲义的,夜里只有两个印刷工人在所内,工人们警惕性很高,把宣言印成后,又将底稿和废纸一概烧得干干净净。我们印完时,已是深夜1点多钟。暑假期中,北京学校和机关人员下午多到"中央公园"(即现在的中山公园)去吃茶、乘凉、会友。他们坐到茶桌子后,往往是坐坐走走。有时茶桌子上只有茶杯茶壶,而没有人在座。我们就把印好的《北京市民宣言》一张小传单放在没有人的茶桌子上,用茶杯压好,等到吃茶的人回到原桌子上来,看到传单,读后大声叫好,拍手欢呼。第二天下午,陈独秀约我们4个人(即王星拱——北大理科教授、程演生——北大预科教授、邓初——内务部佥事)到香厂新世界附近一个四川菜馆子浣花春去晚餐。餐后,陈独秀、邓初和我3人上新世界去散发传单,王星拱、程演生往城南游艺园去散发传单。

今天回想起来,我们那时真幼稚,一点不知道做秘密工作的方法。根本没有想到昨天在"中央公园"散发的传单已被军警拾去,因而在各个游戏场、电影院、戏馆、公园里暗布下军警密探,穿着便衣,装作游客,散在各个角落,等到散发传单的人到来,他们就予以逮捕、讨赏。

我同陈独秀、邓初3人到新世界,见戏场、书场、台球场内皆有电灯照耀,如同白日,不好散发传单。陈独秀同我两人只得上新世界的屋顶花园,那里没有游人,也无电灯。这时刚看到下一层露台上正在放映露天电影，我们就趁此机会，把传单从上面撒下去。谁知道，我们正在向下撒传单时，屋顶花园的阴暗角落里走出一个人来，向陈独秀要传单看，陈独秀实在天真、幼稚，就从衣袋里摸出一张传单给那个人，那个人一看，马上就说："就是这个。"即刻叫埋伏在屋顶花园暗地里的一伙暗探把陈独秀抓住。我乘着这个机会，急走到屋顶花园的天桥上，探子大叫："那里还有一个！"我就在此一刹那间，把手中拿的传单抛了，赶快走下去，杂在戏园的观众中，并脱去长衫，丢掉草帽，躲藏起来。转眼看到邓初还在对过台球场内，把传单一张一张地放在茶桌子上。我小声告诉他："独秀已被捕。"他还说："不要开玩笑罢！"正说间，遥见陈独秀已被探子们捉下楼来。陈独秀怕我们不知道他被捕，故意大呼大跳起来，说："暗无天日，竟敢无故捕人！"

侥幸的是，京师警察厅派来的暗探多，京师卫戍司令部派来的暗探少，在双方互相争夺时，为防独秀落到警察厅便衣暗探的手中，立即用汽车把他押解到警察厅去。为什么说侥幸呢？因为那时京师卫戍司令是段派嫡系段芝贵，我们散发的传单中，有一条就指明要枪毙段芝贵。如果陈独秀落到段芝贵手里，就不一定能保证他不被杀害。那时警察厅长吴炳湘是安徽人，平日还认为陈独秀是很有名的文人。等到后来，安徽的马通伯、姚永朴、姚永概等都用书状要求保释，吴炳湘也就卖个人情，把陈独秀释放了。但陈独秀虽然被取保释放，仍加以管制，不得自由行动，有行动就须得到政府批准。这是陈独秀在京师警察厅中被关了 3 个月的经过。

在陈独秀被捕的 3 个月中，五四运动的人物开始向左右分化。李大钊真正是威武不能屈的好汉，他这时还是大讲苏俄十月革命的成就，广为宣传马克思列宁主义。胡适则真相毕露，不敢在家里居住，搬到受帝国主义保护的东交民巷附近的北京饭店去躲藏起来。胡适听说有人对他所写扇面的主人说："你怎么找这个'过激派'胡适替你写扇子？"大吃一惊！因此，就要出来辩白，说他自己并不是"过激派"。那时我同胡适同住在南池子，我们所办的《每周评论》，就是以这个地方作为通信处。我那时负《每周评论》编辑责任，因陈独秀被捕，气愤不过，对段政府和安福系大加痛骂，说："安福胡同是他们的聚义厅。"李大钊仍然在《每周评论》上介绍马列主义和布尔什维主义。那时反动的北洋政府称布尔什维主义为"过激主义"，说所有谈"过激主义"的人都是"过激派"。至此，胡适掩盖不了自己的真面目，就在这时写了一篇《多研究些问题，少谈些"主义"》的论文，借以表明他自己不但不是"过激派"，反而是反对"过激派"的人。可是李大钊的态度却十分坚定，就在反动政府极端仇视"过激派"的时候，仍在《每周评论》上著文答辩，声明他自己是欢喜研究马列主义的，绝不动摇。不久，《每周评论》就被反动政府勒令停刊了。

陈独秀出狱后，仍住北京北池子寓所，这时他已辞去北大文科学长的职务。他因有事到上海去，回北京时，应湖北省教育厅长的邀请，取道武汉，做了一次讲演。国内各地报纸都摘要登载他讲演的重点，用大字刊出。北洋政府看到这些报纸，才知道他已出北京。警察厅就在北池子其寓所门前派一个警察站岗，企图等陈独秀自武汉回京时加以逮捕。我们得到这个消息，就同李大钊商议，派人先到车站，把他接到王星拱家里，暂避一避，再设法送他离开北京。

当时同李大钊计划：想保护陈独秀出京的安全，万万不能乘坐火车或小汽车出京。李大钊挺身而出，自愿护送陈独秀从公路出走。因李大钊是乐亭人，讲的是北方话，衣着又朴素，很像生意人，就在王星拱家里准备一切。时当阴历年底，正是北京一带生意人往各地收账的时候。于是他们两个人雇了一辆骡车，从朝阳门出走南下。陈独秀也装扮起来，头戴毡帽，身穿王星拱家里厨师的一件背心，油迹满衣，光着发亮。陈独秀坐在骡车里面，李大钊跨在车把上。携带几本账簿，印成店家红纸片子。沿途住店一切交涉都由李大钊出面办理，不要陈独秀张口，恐怕漏出南方人的口音。因此，一路顺利地到了天津，即购买外国船票，让陈独秀坐船前往上海。李大钊回京后，等到陈独秀从上海来信，才向我们报告此行的经过。后来每谈起他们两人化装逃走一事，人们都对李大钊见义勇为的精神表示钦佩。

1921 年中国共产党成立后不久，陈独秀和瞿秋白到苏联去，路过北京，住在邓初家中。此行极端秘密，一切照料也都是李大钊同志计划安排的。等到他们安全抵达中苏边界来信后，李才告诉我们沿途平安的佳音。

今天回忆，知道这件事的共6个人，至今仅有我一个还在①，因而把它记录起来。

关于《每周评论》出版及被封时间的回忆：《每周评论》第一期是在1918年12月22日出版的。共发行36期。到37期刚付印时即被查封，停刊时间是1919年8月31日。胡适的《多研究些问题，少谈些"主义"》一文，登在《每周评论》1919年7月20日出版的第31期。李大钊的《再论问题与主义》一文，登在《每周评论》1919年8月17日出版的第35期。这时李大钊在五峰，陈独秀尚未出狱，故李大钊文中有"仲甫先生今犹幽闭狱中"一句话，就是指陈独秀在散发《北京市民宣言》时被捕的事。

胡适害怕"过激派"3个字，他在《多研究些问题，少谈些"主义"》一文中说："我再举现在人人嘴里挂着的过激主义做一个例：现在中国有几个人知道这一个名词做何意义？但是大家都痛恨痛骂过激主义，内务部下令严防过激主义，曹锟也行文严禁过激主义，卢永祥也出示查禁过激主义。前两个月，北京有几个老官僚，看见我写的一把扇子，大诧异道：'这不是过激派胡适

---

① 李大钊于1927年在北京被害，陈独秀于1942年在四川江津逝世，王星拱于1949年秋后在上海逝世，程演生于1955年在上海逝世，邓初于1959年在北京逝世（他是北京大学教授邓叔存的二兄）。

吗?’哈哈，这就是主义的用处。"

1963 年 10 月

（原载《五四运动回忆录》（续），中国社会科学出版社
1979 年版）

10. 我的父亲陈独秀

陈松年[①]

　　我父亲陈独秀的名字叫仲甫，家谱名是庆同，考科举名是乾生，后来搞新文化运动才叫陈独秀，笔名实庵。他是 1879 年阴历八月生的，到 1979 年正好 100 周年。

　　一般说陈独秀是安徽怀宁县人也可以，实际上是安庆人，因为原来的怀宁县城在安庆市，安庆是属于怀宁县管辖的（现在怀宁县与安庆市分开了）。确切些说，应该是原怀宁县、现安庆市

---

　　① 　陈松年（1910—1990 年），系陈独秀与第一任妻子高氏的第三子，与哥哥延年、乔年为一母所生。1937 年，全民族抗战爆发后，陈松年夫妇带着祖母谢氏和刚满 1 岁的大女儿长玮从安庆乘船到武汉，随后与刚刚获释的父亲陈独秀和与自己年龄相仿的继母潘兰珍逃亡四川江津。陈松年一家靠自己在江津德感坝国立九中教书的微薄薪金维持生活。1942 年，陈独秀在江津病逝。1947 年，陈松年历尽艰难将祖母和父亲的灵柩运回安庆安葬。1958 年，毛泽东视察安庆时获悉其生活困难后，叮嘱政府给予每月 30 元的生活补贴，并安排工作。1978 年中共十一届三中全会召开后，陈松年被选为安庆市政协常委、安庆市文史馆馆员、安徽省文史馆馆员。

人。我家一直住在安庆市北现在的 116 医院那里，我父亲就出生在那里，而不是现在的怀宁县独秀山（月山西北边一个小山叫独秀山，离安庆市有三四十里）。

我的祖父辈有四兄弟，前两个早夭折了。我的亲祖父叫陈象五，是老三，一直教书，没有中过举人，大约在父亲几岁时就死了。四祖父叫陈昔凡，中过举人，在东北辽阳、新民当过一期县官（知县）、一期州官（知府）。我父亲过继给四祖父，跟四祖父到东北读过书。我的父亲辈有两兄弟、两姊妹。伯父陈孟吉是老大，两个姑妈是老二、老三，我父亲是老四，在兄弟当中是老二。伯父陈孟吉当过廪生（科举学位，比举人小些），在东北花钱捐过一个候补官，实际没有职权，没有正式当过官。我们的兄弟姊妹共 6 个。我的亲母姓高，无名字（安徽霍邱人，1930 年去世），生了我们三兄弟（即陈延年、陈乔年、陈松年）和一个姐姐（1928 年去上海治病，死在宝隆医院）。我的继母高君曼是我亲母的妹妹，也就是我的姨妈，1912—1913 年生一弟一妹。我弟弟叫陈鹤年或陈和年，对外又叫陈哲民，听说在浙江。

陈独秀小时候在家读私塾，由老夫子教他读四书。他很聪明，形式上不用功，不是呆板地读书，而是很活泼，但是读书成绩不错。他对科举考试不热心，不太愿意考科举，由于四祖父和伯父督促他读书（四祖父和伯父的诗画都不错），才在安庆考秀才（考棚在现在的安庆一中里面）。他考秀才时，伯父对祖母说，兄弟可以中秀才，母亲准备喜蛋吧！祖母说，还没考上就准备，不叫人笑话吗！结果真的考上了秀才。以后又去南京考过举人，没有考中。在满清时代，他是革命党人，在日本剪了辫子，回来戴假辫子。四祖父对他也伤脑筋，又疼爱又害怕，怕他出纰漏，怕惹出事来损失家庭财产。他随四祖父去东北读书时，伯父 1909 年在东北死了，他伴伯父的灵柩回到安庆，第二年 9 月生了我。他与柏烈武（即柏文蔚）组织过岳王会，这是我从柏烈武的资料中知道的。他在芜湖办过《安徽俗话报》。他在安庆藏书楼（原法政学校，现广播器材厂那里）发表过演说，言词过激，讲得过劲，有反孔思想，有人听了害怕。他是否在安庆办过小图书馆，我没有听说。辛亥革命后，孙中山的人孙绍侯、柏文蔚等 3 人当安徽省都督，我父亲当过这三任都督的秘书长（不是教育厅长），当了两年多。我的弟妹就是在这时候（1912—1913年）生的。以后袁世凯派了倪嗣冲来，父亲是袁的反对派，就带继母高君曼离开了安庆，以后再也没有回来过。四祖母、母亲、哥哥、姐姐、伯父的两个儿子和我都留在安庆。他没有寄钱回来，因祖母有点财产，可以负担全家生活。倪嗣冲来安庆后，还抄过我家，要抓我父亲和哥哥，都没有抓到，逮到我伯父的小儿子，因逮错了，后由地方上的人保出来了。父亲后来干什么我不知道，直到 1933 年他被关在南京第一监狱时，我才在每年寒暑假去监狱看过他。

陈独秀将近 40 岁时，在北大当文学院长（文科学长），搞新文化运动，他写的文章书籍多由上海亚东图书馆出版。这家出版商叫汪孟邹（汪原放是他的侄子），是安徽人，胡适、高一涵也是安徽人，他们的文章和书（如《胡适文存》）也在亚东图书馆出版发行。汪某与我父亲关系很好。我姐姐1928年在上海病死，就是由汪某料理丧事的。

我父亲被捕过几次，就是在我小时、五四运动时和蒋介石统治时。1932年国民党逮捕他，记者访问他时，问他找不找律师，他说没有钱，要义务律师，但没有人干。法庭审判他时，有些朋友帮忙，将他的供词改了，对他有利，但他签字时又改正过来。后来柏烈武曾对我说，你父亲老了还是那个脾气，想当英雄豪杰，好多朋友想在法庭上帮他的忙也帮不上，给他改了供词，他还要改正过来。蒋介石以"危害民国罪"判了他13年徒刑。他开始上诉还让登报，以后就不让登了。章士钊曾替他辩护说，不能判"危害民国罪"，因为改良政治不等于危害民国，如果改良政治是危害民国，那孙中山当初不是改良政治吗？我父亲还不满意，说这些话只能代表章士钊，不能代表我。后来章士钊给他写个条幅，劝他晚年多看书。他在南京狱中开始受优待，住单间房，有人要会见他，他说会就会，也不要登记。彭述之与他同时被捕，因为他们有活动，看守就严了，有人要见他就要在收发处登记，说明与他是什么关系，要典狱长批准。

我父亲在被捕前还有个老婆，是个工人，很年轻，名叫潘丽珍（应为潘兰珍），到他被捕时才知道他是什么人。潘丽珍经常去监狱看他，一直到武汉、重庆、江津都跟着他，到他死后才改嫁，现在不知她还在不在。他在牢里还有许多人找他写字，因为他随四祖父去杭州朋友处（满人、浙江巡抚，叫曾子固）玩时，一玩几个月，练过字，书法不错。但许多人找他写字不是欣赏他的字，而是要他写的名字“陈独秀”，因他有名气。他给看守的人也写了不少字，有的看守人员还拿他的字去卖钱，他就不写了。以后给他减刑为8年。他说到了8年我还不一定能出去，我要出去马上就可以出去。他的意思是办了手续就可以出去，不愿办手续就出不去。蒋介石抓他，是因为他虽然是托派，但还要骂蒋，骂蒋、宋、孔、陈“四大菩”，而他们是不能骂的，要骂还得有艺术才行。蒋介石不杀他，是因为他是托派，对共产党不起作用了，优待他对蒋介石有利。如果杀了他，舆论上对蒋介石不利。西安事变后，有人去看他，说蒋介石同意了几个条件，主要是同意抗战和释放政治犯。他说：“同意抗战，蒋介石会答应的，他不是早就说正在积极准备抗战吗？他会拖的。他现在同意释放政治犯，也会拖的。”（就是他还不相信蒋）他在大革命时期与国民党搞统一战线是统而不战，这时才认识蒋介石。

1937年七七事变以后，他是作为政治犯被释放的。释放以后，他到汉口住了将近一年（住在老租界里）。在汉口发表过演说，听的人很多。1938年初夏安庆快沦陷时，我与爱人、大女儿、四祖母等人一道去汉口找他，我在汉口看到湖北小报上登了他一篇文章，说延安共产党那边叫他去，他在文章中表示不愿意去。我们到汉口不久，就乘船到宜昌，再找人乘船去重庆。我父亲与姑妈后走，从汉口乘船直达重庆。我们到重庆后不久，他们也到了。他在重庆住了两三个月（住在石柏街一个公司代理人家里），又到江津县城住了不到一年，就到离县城30里的乡下鹤山坪一个姓杨的老进士家（进士不在了）去住了。原因是他在重庆看到杨进士的一本书，问到是谁后，经本地人介绍就去了，在那里很清静，对他的高血压病有好处。我到重庆不久，就到江津国立九中（在江南，县城在江北，鹤山坪也在江北）搞总务工作，也代一点课，没有跟他住在一起。他在江津没干什么事，就是搞文字学注释，从坐牢开始到去世以前，都注释文字学。他在江津时想发表文章，拿稿费生活，但重庆不登他的，他就靠老北大的人以同学会名义给他生活费。他最后写的两篇文章是《论世界大战》和《再论世界大战》，登在《大公报》上。[①] 潘赞化与他很熟，是好朋友，潘在江津的国立九中（安徽人多）当总务主任时，说他不行了，没有英雄气概了，儿女情长（讲房子等事，过去是不谈的），英雄气短，过不了两三年了。果然，他在1942年4月二十几号患高血压病死了。他的文字学注释，于1946年交给了商务印书馆的经理王云五（编四角号码字典的），但没有出版。1947年，我把父亲的棺材、墓迁

---

① 这两篇文章分别叫《战后世界大势之轮廓》和《再论世界大势》，后一篇《大公报》并没有发表。

回到安庆北关，葬在现卫东公社林业大队（离市内 20 里），有块墓碑——"先考陈公仲甫之墓"。

（原载《党史资料丛刊》1980 年第 1 辑，原标题为《回忆父亲陈独秀》，本文由中国科技大学刘禄开、李永堂于 1979 年采访记录整理）

李大钊篇

1."他的模样是颇难形容的"

鲁　迅

我最初看见守常先生的时候，是在独秀先生邀去商量怎样进行《新青年》的集会上，这样就算认识了。不知道他其时是否已是共产主义者。总之，给我的印象是很好的：诚实，谦和，不多说话。《新青年》的同人中，虽然也很有喜欢明争暗斗、扶植自己势力的人，但他一直到后来，绝对的不是。

他的模样是颇难形容的，有些儒雅，有些朴质，也有些凡俗。所以既像文士，也像官吏，又有些像商人。这样的商人，我在南边没有看见过，北京却有的是旧书店或笺纸店的掌柜。1926年3月18日，段祺瑞们枪击徒手请愿的学生的那一次，他也在群众中，给一个兵抓住了，问他是何等样人。答说是"做买卖的"。兵道："那么，到这里来干什么？滚你的罢！"一推，他总算逃得了性命。

倘说教员，那时是可以死掉的。

然而到第二年，他终于被张作霖们害死了。

段将军的屠戮，死了 42 人，其中有几个是我的学生，我实在很觉得一点痛楚；张将军的屠戮，死的好像是 10 多人，手头没有记录，说不清楚了，但我所认识的只有一个守常先生。在厦门知道了这消息之后，椭圆的脸、细细的眼睛和胡子、蓝布袍、黑马褂，就时时出现在我的眼前，其间还隐约看见绞首台。痛楚是也有些的，但比先前淡漠了。这是我历来的偏见，见同辈之死，总没有像见青年之死的悲伤。

这回听说在北平公然举行了葬式，计算起来，去被害的时候已经 7 年了。这是极应该的。我不知道他那时被将军们所编排的罪状，——大概总不外乎"危害民国"罢。然而仅在这短短的 7 年中，事实就铁铸一般的证明了断送民国的 4 省的并非李大钊，却是杀戮了他的将军！

那么，公然下葬的宽典，该是可以取得的了。然而我在报章上又看见北平当局的禁止路祭和捕拿送葬者的新闻。我也不知道为什么，但这回恐怕是"妨害治安"了罢。倘其果然，则铁铸一般的反证，实在来得更加神速：看罢，妨害了北平的治安的是日军呢？还是人民！

但革命的先驱者的血，现在已经并不稀奇了。单就我自己说罢，7 年前为了几个人，就发过不少激昂的空论，后来听惯了电刑、枪毙斩决、暗杀的故事，神经渐渐麻木，毫不吃惊，也无言说了。我想，就是报上所记的"人山人海"去看枭首示众的头颅的人们，恐怕也未必觉得更兴奋于看赛花灯的罢，血是流得太多了。

不过热血之外，守常先生还有遗文在。不幸对于遗文，我却很难讲什么话。因为所执的业，彼此不同，在《新青年》时代，我虽以他为站在同一战线上的伙伴，却并未留心他的文章，譬如骑兵不必注意于造桥，炮兵无须分神于驭马，那时自以为尚非错误。所以现在所能说的，也不过：一是他的理论，在现在看起来，当然未必精当的；二是虽然如此，他的遗文却将永驻，因为这是先驱者的遗产，革命史上的丰碑。一切死的和活的骗子的一沓沓的集子，不是已在倒塌下来，连商人也"不顾血本"的只收二三折了么？

以过去和现在的铁铸一般的事实来测将来，洞若观火！

1933 年 5 月 29 日夜

（本文是鲁迅先生为《守常文集》写的序，
标题是编者加的）

2."含着微笑的诚朴谦和态度"

许德珩

　　我以十分崇敬的心情，深切怀念五四运动的主要领导者和组织者、中国共产党创始人之一——李大钊同志。

　　李大钊同志离开我们已经52年了。每当想起这位革命先驱者光辉的革命业绩和崇高的革命形象，就不禁使我深受感动和鼓舞而肃然起敬。反动的军阀虽然夺去了他的生命，可是他的革命气节和革命功业，却永远存留在我们心中，为我们所怀念。正如他在《青春》一文中所说："以宇宙之青春为自我之青春。宇宙无尽，即青春无尽，即自我无尽。"大钊同志永垂不朽！

　　大钊同志号守常，河北乐亭人。他早在青年时代，就确立了"救国救民、再造神州"的宏伟抱负和坚强决心。1913年，大钊同志留学日本，为了反对袁世凯的复辟帝制，他勇敢地站在斗争的第一线，组织了神州学会，团结部分知识分子，进行反袁的秘密活动。当时，大钊同志在章士钊在日本主编的以反袁为主旨的《甲寅》杂志上写文章，他每发表一篇文章我都要阅读。我对大钊同志那些热情洋溢的具有强烈战斗精神的文章十分敬佩也很受教益。例如，1914 年 11 月，他在《甲寅》杂志上发表了著名的《国情》一文，揭露了袁世凯勾结日本帝国主义的卖国行径，教训了帝国主义分子古德诺、有贺长雄鼓吹的中国国情不适合民主政治的谬论，打击了那些拥护袁世凯称帝的“毁新复古”之徒，并告诉人们，不应当对帝国主义侵略者存在幻想，不管它是日本的或是欧美的。“古德诺氏之论国情也，必宗于美”；“有贺氏之论国情也，必比于日”，皆“非吾之纯确国情也”。这篇文章，是我国人民反对袁世凯称帝的先声。它发表于袁世凯称帝的一年以前，揭露了帝国主义侵略者及其走狗的阴谋，向我国人民发出严防窃国大盗的信号，表现了大钊同志在政治上深湛的远见和敢于向反动派坚决斗争的革命精神，使我当时读之获益匪浅。

大钊同志对于我国民族的复兴、国家的富强是有信心的。他认为我国有数千年的历史，有广大的国土和 4 万万人民，只要人民觉醒，尝胆卧薪，发愤图强，就可以多难兴邦，殷忧启圣，前途将是无限光明的。1914 年 10 月间，陈独秀以仇恨军阀的偏激之情在《甲寅》杂志上发表了《爱国心与自觉心》一文，说我们国家极端黑暗腐败，根本没有可爱之处，甚至说什么与其如此，还不如当亡国之民为好。大钊同志从另一角度写了《厌世心与自觉心》一文。他说：“自觉之义，即在改进立国之精神，求一可爱之国家而爱之，不宜因其国家之不足爱，遂致断念于国家而不爱。更不宜以吾民从未享有可爱之国家，遂乃自暴自弃，以侪于无国之民，自居为无建可爱之国之能力者也。"他对于少数青年因悲叹国事不振、外祸日亟而自杀的现象，更大不以为然。他说这些青年"爱国之诚，至于不顾生命，其志亦良可敬，其行则至可闵，而亦大足戒也"。他认为这些青年即使"怀必死之志，亦当忍死须臾，以待横刀跃马，效命疆场，则男儿之死，为不虚死"。大钊同志希望我国人民都要自觉自勉，"勿灰心，勿短气"，发愤图强，勇往直前，突出地表现了大钊同志积极的爱国主义精神，令人折服。

最使我不能忘记的是大钊同志在日本时写的《青春》。这是"五四"以前革命民主主义的一篇宣言书，对前期新文化运动有着重大的影响。大钊同志在文章中鼓舞人心的警句，我至今仍然记得。他激励青年"冲决过去历史之网罗，破坏陈腐学说之囹圄"，"涤荡历史之积秽"，不要让"僵尸枯骨"把自己束缚起来；同时还要摒绝现代"虚伪之机械生活"，不受"黄金与权势"的支配，摆脱那汲汲营营的追求个人利禄之途。他认为，青年应当不断地以"青春"的精神来改造自我，"纵现在青春之我，扑杀过去青春之我"，"进前而勿顾后，背黑暗而向光明，为世界进文明，为人类造幸福，以青春之我，创建青春之家庭，青春之国家，青春之民族，青春之人类，青春之地球，青春之宇宙，资以乐其无涯之生"。这篇文章，在当时对激发广大中国青年的革命进取心，起了很好的作用。今天我们读起来，它那种气势磅礴、一往无前的革命气概，也仍然鼓舞人心。

总之，我在见到大钊同志以前，从他的文章中对他早已十分敬佩和神往了。

我和大钊同志认识是在1918年的春天。那时，大钊同志刚来北京大学任图书馆主任。素仰其人的我，能够得以亲聆教益，十分欣喜。在图书馆里，他总是身穿一件褪了色的布袍子，含着微笑的诚朴谦和的态度，热情地接待向他求教的青年，诚恳地细致地畅谈自己的看法。北大图书馆原为藏书楼，设在马神庙的校址内，1918年10月才迁到刚刚建成的沙滩红楼新校址。大钊同志到职后，即着力于图书馆的整顿和扩充。著名藏书家江西九江李盛年（木斋）是我的远房亲戚，他因我的关系把一部分藏书让给了北大图书馆。通过这件事，我和大钊同志就更加熟悉起来。

1918年5月，留日学生因抗议中日军事秘密协定举行集会，遭到日本军国主义者镇压，全体留日华学生为反抗这种暴行罢课回国。5月中旬，留日归国学生代表李达（鹤鸣）、王希天、阮湘、龚德柏来到北京和我们见面。大钊同志由于曾经留学日本的关系，同他们很熟，特别是黄日葵同志归国后，先在北京大学旁听，后来考入了北大文预科英文学门。他与我极为相投，也与大钊同志熟悉，因此我们常到大钊同志的办公室聚谈。这时大钊同志与我已成为师友之间的交谊了，虽然从年龄上来讲他只大我1岁。

1916 年以前，北京大学的校风很腐败，学生年纪大的相当多，其中还有举人、秀才出身的学生。校内工友称呼他们为"老爷"，以后也是管他们叫"先生"。学生大部分住在公寓里，一般穿长袍马褂。学生除了少数死读书不问外事的人以外，当时打麻将、捧戏子、逛妓院成为风气，生活自由散漫，谁也不管谁。蔡元培先生于 1916 年冬到北大任校长。他来北大以后，发起成立进德会。这个组织以不嫖、不赌、不娶妾为基本戒条，遵守这三个戒条而加入的称为甲种会员，加上不做官、不做议员为乙种会员，再加上不吸烟、不饮酒、不食肉三条为丙种会员。蔡校长以"不参加"的办法来抗议旧社会的腐败恶习。我与大钊同志先后都加入了这个组织。他在 1918 年 6 月还当选为进德会的纠察员。

十月革命胜利的消息一传到中国，大钊同志兴高采烈地欢呼世界上第一个社会主义国家的诞生。他在天安门前发表了《庶民的胜利》的著名演说，接着又写下了《布尔什维主义的胜利》的光辉论文，热烈地歌颂了十月革命的伟大胜利，揭露了帝国主义战争的实质，向中国人民介绍了列宁的布尔什维主义，为中国人民指出新的革命斗争方向。

十月革命以后，大钊同志很快地成为我国思想界的领袖。从 1918 年下半年到 1919 年"五四"前夕，北京学生成立了许多爱国的或讨论新思想的团体，有许多都和他有着直接或间接的关系。例如：大钊同志于 1918 年 6 月发起建立了少年中国学会。我和黄日葵同志都是经大钊同志介绍入会的。"少中"在大钊同志的倡导下，把"创造少年中国"作为一个理想提出来，当时还是产生了很大的积极影响。

"五四"前后，在许多有关社会活动的记载中，都能看到大钊同志的名字。通过这些活动，他和周围群众有了密切联系，为进一步开展革命运动创造了有利的条件。

这里要着重一提的，是大钊同志和我们国民杂志社的关系。国民杂志社成立于 1918 年 10 月 20 日，它是当时的爱国团体"学生救国会"办的一个全国性的刊物。担任导师的大钊同志对杂志社的成立和刊物的出版进行过热心的帮助和指导，并为杂志撰写文章。

国民杂志社与新潮杂志社和国故月刊社是当时北京大学"鼎足而三"的社团。这三个社团代表着三种不同的政治思想倾向。《新潮》提倡白话文，反对旧礼教，但绝口不谈政治；与之对立的《国故》则专门反对白话文，鼓吹封建文化和封建道德；而《国民》比较突出的特点是公开谈论政治，坚决反对日本帝国主义的侵略，发表了不少政论文章。这些言论在当时的爱国知识分子中产生过一定的影响。国民杂志社对于五四运动的准备和发动是起过促进作用的。

1919 年元旦，大钊同志在《国民》杂志第一卷第二号上发表了《大亚细亚主义与新亚细亚主义》，尖锐地揭穿了日本军国主义者所提倡的"大亚细亚主义"，就是"并吞中国主义的隐语"，"是侵略的主义"，"是吞并弱小民族的帝国主义"。这是我国第一次按照马克思主义观点提出"帝国主义"这个概念,因而具有重要的历史意义。大钊同志还鲜明地提出必须要"拿民族解放作基础,根本改造中国和亚洲",然后与世界各民族结成"大联合",从而"益进人类的幸福"。

与此同时,大钊同志和陈独秀又创办了一个《每周评论》。鲁迅、高一涵、张申府等人都在这个周刊上投稿,对五四运动也起了积极作用。

"五四"前夕,北大虽然成立了若干社团,但是由于各有不同的政治思想倾向,因而彼此之间隔阂甚深,甚至不相往来。偶一发生问题就写出揭帖来贴在墙上(犹如今天的大字报那样),赞成的,反对的,你唱我和,张贴满墙。例如,《新潮》是傅斯年主编的,傅也是国文学门的,和我同班。胡适来北大后,我和傅等几个学生对他不满,后来傅倒戈了,倒到胡适那边去了。1918年5月,傅斯年不赞成我们搞反日运动,竟跑到公府(即总统府)去告密,从此我们瞧不起他。他就更加投靠胡适,并和罗家伦、康白情、徐彦之、汪敬熙等组织了新潮杂志社。由于我们与傅斯年不对头,他们干的事我们就不干。傅斯年反对我们抗日,就不加入学生会。《新潮》提倡写白话文,我们《国民》的文章就用文言体裁。当然,这与我们刊物是全国性的,当时社会上对于白话文还不易接受有一定关系,但是也有与《新潮》搞对立的成分在内。到了"五四"以后,《国民》杂志就改为白话文。最令人折服的是,大钊同志把北大不同政治思想倾向的社团,以反对日本侵略中国这一共同点团结起来，组织在一起。如"五四"前，他动员新潮杂志社的罗家伦、康白情加入北大学生会，并说服我们允许他们参加。由于大钊同志的调解和促进，从而北大学生团结起来了，成为五四运动的一股重要力量。

团结在大钊同志周围的、以具有初步共产主义思想的知识分子为骨干的一部分爱国青年，如邓中夏、高君宇、黄日葵等，这时已经常在一起活动。由于帝国主义列强的侵略行径越来越露骨，咄咄逼人，民族危机日益紧迫和严重；由于军阀政府腐败不堪，软弱无能，我们深感宣传、教育、出版等行动不能满足斗争形势的需要了。我们在大钊同志的办公室里，越来越经常地讨论着一个问题——"直接行动"。"直接行动"是大钊同志向我们介绍国际工人运动情况时多次提到的，即不经当局同意批准，发动群众，直接采取正规范围以外的行动，以达到革命的目的。斗争的实践也使我们深深感到同帝国主义和军阀搞合法斗争是行不通的，1918 年 5 月请愿运动的失败已经证明了这一点。"直接行动"的思想振奋和鼓舞着爱国青年中的核心分子，从而迅速传播到广大学生中去，即将到来的反帝反封建革命大风暴就是这样在酝酿着。而大钊同志在"五四"前夕的文章中，第一次把"直接行动"公开地提了出来，这实际上是五四运动到来前的一个信号。

"五四"前，已经接受了马克思主义的大钊同志，通过学校、报刊、社团以及到各地的讲演等活动，联系了许多爱国知识分子，在为五四运动进行思想准备的同时，也在这个运动的组织准备方面发挥了重要的作用。

五四运动中，大钊同志发表文章，正确地指出我们的仇敌不仅是日本帝国主义者，卖国的也不仅是曹汝霖、章宗祥、陆宗舆几个人。所以，单是打死几个人，开几个公民大会，是达不到目的的。我们必须"反抗侵略主义，反抗强盗世界的强盗行为"，"把这强盗世界推翻"。这种看法，对于五四运动坚持彻底地不妥协地反帝国主义方向是大有益处的。

五四运动的斗争，致使北洋军阀政府恼羞成怒，进行反扑。在他们的逼迫下，北大校长蔡元培先生辞职出走。爱国青年的活动内容，又加上了挽留蔡校长复职、反对胡仁源来校（反动政府派胡仁源代北大校长）这一强烈要求。大钊同志等北大教职员代表于 1918 年 5 月 10 日向北洋政府交涉，坚决挽留蔡元培先生，更广泛地发动教职员和广大学生采取同一步骤，把学生和教职员也团结在一起了。

大钊同志在"五四"前就号召我们，"知识阶级与劳工阶级打成一气"，五四运动也充分说明了这点。在大钊同志的具体指导下，北京学联派我和黄日葵同志南下，同各界联络。于是"六三"以后，参加五四运动的就不只是知识分子了，而是成为一个有工人阶级、城市小资产阶级和民族资产阶级，以及妇女界参加的广大群众运动。蓬勃进展的声势浩大的群众运动，特别是工人阶级的雄厚力量，迫使反动军阀政府在 1918 年 6 月 7 日释放了几千名因街头讲演而被捕的学生，10 日批准曹、章、陆

"辞职"。

在此期间，北京城里出现了《北京市民宣言》的传单，这是大钊同志和陈独秀等散发的。宣言中要求维护国家领土主权的完整，废除反动政府与日本帝国主义订立的密约；指出卖国贼除了曹、章、陆之外，还有经手向日本借款和购买军火的徐树铮，镇压群众运动的段芝贵、王怀庆，并提出取消步军统领和警备司令部两机关，北京保安队改由市民组织，市民须有绝对的集会、言论自由权。最后宣告："政府若不听从市民之希望，劳工、学生、商人等，惟有直接行动以图根本之改造。"

1918年6月11日，大钊同志带领两人去城南游艺园散发传单，同时，陈独秀、邓初（内务部佥事）、高一涵3人去新世界散发传单。就在这天，陈独秀被捕。大钊同志立即设法营救陈独秀，于当年9月出狱。及至阴历年底，陈独秀仍为警察厅所监视，待不下去了，大钊同志挺身而出，化装成北方商人模样，驾上一辆骡车，让陈独秀坐在车里，顺利地护送陈独秀出京。大钊同志这种有勇有谋的革命精神，真令人钦佩。

我对陈独秀由于他的文人习气严重，私生活又不严肃，所以最初不大赞成他。"五四"以后，陈独秀赞成我们搞爱国运动，他本人因散发传单又被捕过，所以我对他的态度也有了转变。

大钊同志热心帮助和接济同学的事迹，常为大家所称道。大钊同志经常把自己的月薪拿来帮助清苦同学。记得刘仁静同学因经济上拮据，一时交不了学费，大钊同志就出具证明，请学校准予缓交。这个证明现在仍然保存在北京大学的档案之中。使我永远不能忘记的，是我赴法勤工俭学之前，大钊同志对五四运动给予的高度评价。1919 年 10 月 12 日，国民杂志社成立一周年，举行纪念会，并欢送我和陈宝锷赴法勤工俭学（陈宝锷后来并未去法国，而是到了英国）。是日到会者除社员 70 余人外，尚有来宾李大钊、陈独秀、蓝公武及徐宝璜。大钊同志在会上发表演说，大意谓："此次五四运动系排斥'大亚细亚主义'，即排斥侵略主义，非有深仇于日本人也。斯世有以强权压迫公理者，无论是日本人非日本人，吾人均应排斥之！故鄙意以为此番运动仅认为爱国运动，尚非恰当，实人类解放运动之一部分也。诸君本此进行，将来对于世界造福不浅，勉旃！"

但是，这次欢送会上同大钊同志聚会之后，我就再也没有见到他。直到 1927 年 4 月底，大钊同志死难的噩耗传来，宛如晴天霹雳，使我悲痛异常。当年欢送会一别，不料竟成永诀。

1927 年 5 月，我正在武汉，大钊同志牺牲的消息传来，在武汉的同志举行了沉痛的追悼会。我以北大校友的资格，在会上讲了话。诚如何香凝同志回忆的那样："当我们在汉口开会，听张太雷先生报告李大钊先生殉难的经过，我们都不能遏制地流下眼泪来。"

1933 年，党通过北大师生和他的生前友好，发起为他举行公葬。为这一公葬捐款的知名人士有鲁迅、李四光等 100 多人。我当时不在北平，回来后，特地到香山之下万安公墓去凭吊大钊同志，以表示我对大钊同志的深切怀念和爱戴。

陈毅同志在一篇纪念大钊同志的文章里，对于大钊同志的一生概括了 16 个字："学而不厌，诲人不倦，革命先驱，大节不辱"，我觉得十分中肯恰当。

大钊同志的一生，是革命的一生，是战斗的一生。他为党和人民立下了不可磨灭的功绩，给我们树立了光辉的榜样，是值得我们永远学习的。

（原载《光明日报》1979 年 10 月 27 日，原标题为《纪念伟大的革命先驱李大钊同志》，收入本书时作者有修改）

3. "守常总是以慈母之心待人"

包惠僧

　　1922 年初夏，我在武汉区工作，有一天，接到我们党中央的电报，要我立刻到北京找李大钊同志接受一个新的任务。我到了北京，先到马神庙北京大学第一院的宿舍对面一所民房里，会见了范鸿劫、邓中夏两位同志，这里就是北京区委会的工作地点。他们已经知道我要到北京来，就招待我住在这里。当天晚饭后，邓中夏同志陪我到西城后闸胡同 35 号李大钊同志的家里同他会见。北京人的大门照例是关着的，会人要敲门打户，通名问姓以后才能进去。李大钊同志的大门却只是虚掩着，因为他既没有用一个专门看门的人，来来去去的人又很多，从习惯上养成了他那对任何人不关门的作风，据说他家里倒也从来没有丢过东西。他住的是一座矮小的四合院，北屋是他的卧室，南屋是他的书房，西屋是他的客厅兼饭厅，东屋是他的储藏室。院子里面并没有花草，屋子里面也没有什么陈设，就是连比较像样的家具也没有一件，可以想象到李大钊同志的生活作风是多么朴素。

我这一回到北京，是同李大钊同志第一次见面，我们是先约好了时间去的。我们进了大门就一直到他的书房，这间房子是三小间合成的一大间，靠着三面墙壁陈设着4个大书架，上面摆满了书籍，有中文的，也有外文的。靠窗户的这一面，有一个相当大的写字台，写字台对过有两张条桌，条桌上面堆满了报纸和杂志，也同书籍一样，中国外国的都有。从他藏书的丰富，可以理解到他对追求学问是如何地肯下功夫。据说他无论怎样忙，每天回家总要抽两三个钟头的时间去读书或是写作。这是他多年来的生活规律，从来没有间断过。

我们在他的书房里等了一下，李大钊同志就来了。他的身材高大，态度温和；平顶头，椭圆脸，八字浓密的胡须，像漆一般黑。穿一件爱国布深灰色的长夹袍，脚步很沉重，说话的声音很低。他走进书房，一面同我们亲切地握手，一面关心地问我："是今天早晨到的吗？住在哪里？好住吗？"

我答复了他的问话以后，他接着又说："你把京汉铁路南段的工作展开了，我们很高兴；中央为了你们在工作上的方便，由我设法把你们5个同志安置在交通部；职务虽然很小，可是很自由，对工作上很方便。"

他说到这里，在他的写字台的抽屉内拿出一个交通部的委任状交给我说："你明天就去办理到差的手续，把几个主管的人联系好了,他们就会发给你一切证件和免费乘车证,你就可以自由自在地往返在京汉铁路上;在武汉方面的工作任务也没有妨碍。不过你必须要找一个得力的助手,好同各方面密切联系,使工作顺利开展。你的工作面很宽,接触的人很复杂,要注意待人接物的态度,不要向反动派暴露了自己的政治面貌。"

我看了委任状,又听了他的这一席话,真不知道这个工作应该从哪里做起。我从来没有进过衙门,也没有同那些大人先生们打过交道,我虽然是个阅世较深的人,但是这一次是走的一条陌生的路,这使我感到为难。我还没有想到应该向他说什么,李大钊同志已经看出了我的心理活动情况,他接着说:"我们做党的工作是为了革命,搞劳动组合的工作也是为了革命,今天我们有机会打进了资产阶级的政府工作还是为革命。第一,我们有了这个职务,可以掩护我们的秘密活动,可以把工作做得更快更好。第二,我们从这些实际生活中可以学会一些行政工作上的技巧,以及对人处事的方法,可以多认识一些人,多了解一些事。革命党人要从实际生活中去认识世界,然后才能从实际斗争中去改变世界,我们的工作老在学生工人中兜圈子是不够的。第三,高定庵(即当时的交通总长高恩洪)这个人是学科学的,还有书生本色,没有时下的政客气息。他痛恨交通系的贪赃枉法,想把交通部所属的各部门严格地整顿一下。因为没有适当的助手,他要我在北大找几个有为的青年给他帮忙。原来说定你们5个人都给他当秘书,在总长室或者在秘书厅工作。我想我们的同志都是不曾当过官的，作秘书工作不在行；而且坐在衙门里面不方便。我建议他把你们5个人放下去分派在京汉、京浦、京奉、京绥、正太这5条铁路上，先做调查工作研究改进方法。你们要用3个月至半年的时间在各路上扎下根基，同时对他交给你们的任务，也要适当地作出建议，可能在半年以内你们还要调部工作。"大钊同志的话使我很受感动，便不敢再向困难的方面设想了。我们又谈到1921年他到洛阳同吴佩孚见面及吴佩孚通电"保护劳工"与"劳动立法"的问题，他笑着说："吴佩孚到底还是吴佩孚，我们不要对他存幻想。去年我到洛阳同他会谈一次，他发出了那样一个通电，就算不虚此行了。"

我们谈到10点半，他并没有倦容。我同他握手告别的时候，他还叮嘱说："在工作上遇到什么困难时我们再商量，我们可以经常联系，我每天夜晚多半在家。"

我们5个人在交通部工作了11个月，到8月间我们又被调到育才科当视学。到1923年"二七"工潮爆发，交通总长高定庵去职，吴毓麟继任，我以"煽动工潮"的嫌疑，与其他4人同时被撤职查办。吴毓麟想要定我们的罪，李大钊同志托他在日本求学时的同学、那时的交通部育才科长黄统从中说话，证明在"二七"罢工期间我们天天到部办公，并没有参加罢工活动的迹象，这样才得免予查究。我们在交通部工作的11个月当中，有半年以上的时间在铁路上，在各路各段各厂都建立了工作据点。在工人运动的过程中，对交通部，对铁路管理局，对厂长的冲突事件，大小不下十余次，我们都因为李大钊同志与当时的上层人物有联系，掩护了我们，减少了工作中的困难，我们的职工运动在铁路工人方面得到了迅速与普遍的发展。

1923 年春我在北京区工作，与李大钊同志接触较多。因为他是我党的中央委员，他经常参加区党委的会议。他在我们同志中年龄最长，地位较高，所以我们在工作中遇着困难就去找他，他没有哪次不是热情地接待我们的。他对同志们的意见总是诚心听取，慎重考虑。他从没有因为自己的工作忙，把区党委给他的工作任务推出来或者压下去，也没有因为他自己见多识广就不重视其他同志的意见。他常对我们说："列宁在流放中还能进行组织工人，发动群众，沙皇的统治比中国军阀的统治残酷得多，俄国共产党人终于在列宁的领导下战胜了沙皇，真不是偶然的事。如果我们不深入群众，不经过长期的斗争，我们的革命前途很难想象。"

1923 年京汉铁路"二七"罢工失败以后，工人中死伤百余人，被捕的数十人，失业的 200 多人，善后救济工作是极繁难极复杂的。我们虽然向各国兄弟党募了一点捐，为京汉铁路的失业工人组织了一个济难会，但是这个组织还不健全，对救济款也没有检查监督，以至南段张连光、北段张德惠卷款潜逃，造成了一时的混乱。我们有些同志互相责难，有些工人也因为误会而有意见，造成了工作上不少的困难。有一天，区党委会提出这个问题讨论，想研究出一个补救的办法。李大钊同志说："中国工人运动的历史比较短，工人的阶级觉悟还很差。工人从来没有掌握过大批的钱，尤其在失业以后，有的人就会为自己的前途担心。张德惠、张连光这种行为固然很恶劣，但是这不能说不是存在决定意识的一种表现。我们如果有钱，就替他们背上这个包袱，把这两个工人挽救过来，这是上策；如果没有这一笔钱，就把真实情况向死难工人的家属及失业工人说清楚。最要紧的是应该救济的还是要设法救济。对张德惠和张连光也不要太叫他们难堪，他们还知道一些工人运动中的秘密，如果他们投到敌人那边去了，麻烦就更多了。我们不能用衡量共产党员的尺度去衡量一般的工人。工人运动究竟是一种群众运动，我们想要求群众都同我们一样，是不切合实际的。"

我们当时都是年轻气盛，大部分负责的同志不同意李大钊同志的看法，都说："守常同志是以慈母之心待人，我们今天是应该执行革命的纪律，要同坏人坏事斗争到底。"

李大钊同志知道不能说服大家，只是摇头叹息。后来张德惠果然同政客袁正道、郭祖贲等以及黄色工会的头子混在一起做了工贼，专门对我们进行破坏，使我们在工人运动方面增加了很多麻烦，遭到了很大的危害，这时，才使人认识到李大钊同志当时的意见是正确的。

1923 年 2 月间，鲍罗廷初来北京，准备到广州参加国民党与共产党建立联合战线的活动。李大钊同志在苏联大使馆约集北京区的负责同志讨论两党的联合战线问题。参加这次会的人除李大钊同志及我而外,还有范鸿劼、何孟雄、张邑弟、安体诚等七八人,对于两党建立联合战线的根本观点及方式方法问题,起了激烈的争论。北京区的多数同志认为国民党是一个资产阶级的党,他们只有领袖,没有群众,只有高级干部,没有中下层干部,里面有许多堕落腐化的政客,很难在他们身上找出革命的因素,我们同他们建立联合战线,失掉了我们的阶级立场,又损害了我们党的纯洁性。这就是国共没有建立联合战线以前一般共产党人的见解。鲍罗廷的意见则完全相反,他说,就中国革命客观形势来看,需要国民党与共产党无条件地统一起来。他根据国际形势与中国历史现阶段的情况系统地讲了统一战线的理论和方法,最后归结到共产党人应该积极加入国民党,要我们在两党联合的必要性与方式方法上多加研究,再向中央提出意见。他整整讲了两个钟头。最后李大钊同志说:"我同意鲍罗廷同志所提出的国共两党建立联合战线的重要性的说法,也同意同志们所提出的共产党的阶级性和纯洁性的重要的意见。可是今天革命事业中的客观形势,是需要发动反帝反封建的民主革命,这种革命任务不是现在那样的国民党所担当得了的,必须要加上新的血液,就是无产阶级革命的力量。不过,如果由共产党来担当这个使命,恐怕为时尚早,因此建立两党的联合战线就成为必要的和适时的了。但是国民党的缺点很多,无组织无纪律无群众是显而易见的,如果孙中山有决心有把握把国民党大大地改组一下,确定它的政策方针,还是大有可为的,如果不这样,仅就国民党的现状，来谈国共两党的合作，那就不成了。只要国民党有改造的可能，孙中山有改造国民党的决心，国共两党建立联合战线是有可能的。关于建立两党的联合战线的方式方法问题那倒比较容易商量。"

李大钊同志的意见，鲍罗廷很重视，他一面说，鲍罗廷一面记。后来孙中山改组国民党，确定三大政策，受李大钊同志这一主张的影响很大。那一天的会议从晚8时起至午夜1时才散。我们同他步行出东交民巷，由东长安街经过西长安街到西单分手，他始终是精神饱满的。

1923年九十月之间，党中央调我到武汉工作，并要我先到上海会商下再回武汉。中央的信是由李大钊同志转给我的。当时北京区的工作在"二七"工潮以后，经过了一番整顿，刚上轨道，比较好做；武汉的工作在"二七"工潮以后还没有恢复正常，我们有些同志与京汉铁路工人之间还有些分歧，我有点畏难的思想。我的爱人在唐山扶轮学校教书，因为快分娩已回北京准备进协和医院，这是我们第一个孩子的降生，所以我请求不调动或者是缓调动，中央没有批准，这是第二次来信，要李大钊同志促我马上南下。李大钊同志约我到他家里，把中央的信交给我说："工作在哪里都是一样，只要党需要我们到哪里我们就到哪里，服从党的调度就是服从党的纪律，也就是党性的体现。这些大道理你都知道，也不必我多说。至于你爱人分娩的问题，我们大家都可以照顾，你不要担心。除此以外你还有什么困难呢？"

我说:"我是觉得武汉的工作比较难做。"

李大钊同志说:"现在就是因为工作上有困难所以调你去,难道说我们共产党人还怕什么困难不成吗?"说到这里,他目不转睛地望着我。

我终于答应一两天内就动身南下。我们在分别时,他紧握着我的手说:"你告诉仲甫和秋白,曹锟的贿选势在必行,我们虽然发动一切可以发动的力量反对贿选,但是在武力与金钱的势力下,那些议员老爷们的心目中还有什么民主与正义啊!胡鄂公(当时众议院的议员)要求入党是真的,反对贿选是假的;他这次到上海是名利双收的手法,我们不要上了他的当。"他带着微笑,发出叹息的声音,我们分别了。我真没有料想到这一次就是我同大钊同志的永别。

过了4年多的时间,我从武汉又转到广州工作,他始终是在北京领导我们的同志和一些革命群众同恶势力作斗争,经过直皖战争、直奉战争、奉直联军与国民军的战争,他始终坚持不懈地为瓦解敌人、发展党、发展无产阶级的革命事业而奋斗。1927年在蒋介石国民党叛变的前夕,4月6日李大钊同志在北京被张作霖逮捕,经过了整整20天的严刑审讯,李大钊同志坚贞不屈。到4月28日为敌人所绞杀。与李大钊同志同时就义的还有优秀的共产党人范鸿劼等19人。

大钊同志一生勤于治学,勇于任事,坚贞自立,热忱待人。他是一个才气纵横的政治家,又是一个学问渊博、诲人不倦的好教授；他是中国共产党创始人之一，是共产党的中央委员，在国共联合战线中又是国民党的中央委员兼中央政治委员会的委员。他在 20 世纪 20 年代的前后，是中国革命运动中的卓越活动家。他死得太早，殉难时年仅 39 岁！真可痛惜！

（原载《中国工人》1957 年第 9 期，
原标题为《回忆李大钊同志》）

4."天下惊秋的一片桐叶"

楚图南

当我想到我青年时期开始接触到共产主义，初步接受了马列主义的启蒙教育时，我不能不纪念和怀想李大钊同志——我国无产阶级革命的伟大先驱者和我党的杰出创始人之一。

1919 年秋天，我从边远的云南考取了北京高等师范学校，从穷乡僻壤来到了北京。当时，帝国主义列强对中国欺凌宰割，国内军阀混战，祖国的危难促使很多有志青年探讨救国救民的真谛。有些人向往无政府主义，以为克鲁泡特金的思想能改变中国；还有的人钻进整理国故的圈子，食古不化，标榜"国粹"；也有的人走上了各种牌号的改良主义道路，如所谓的基尔特社会主义之类；也有的人标榜所谓的国家主义。就在这样生气勃勃却又一切动乱、思想庞杂的环境中，我逐渐地发现高师中有一群青年，他们学习刻苦努力，生活态度严肃，热心公益事业。他们多数属于一个叫"工学会"的组织,而且多数人是和我一样靠本省官费过活的穷学生。我又逐渐知道,他们曾得到李大钊同志的暗中指导。

后来经当时"工学会"一名活动分子的介绍,我认识了李大钊同志。在李大钊同志的指导下,"工学会"的活动从学习互助,贩卖书刊文具,扩大到办职工夜校;从阅读进步书刊到宣传苏联的十月革命。随着形势发展,蔡和森同志由巴黎回到北京以后,开始在北京酝酿成立社会主义青年团。我也参加了这方面的活动,并于1922年春加入了高师的社会主义青年团。根据李大钊同志的指示,我负责主编一份小报,以公开的形式进行马克思主义的宣传。这份8开的铅印小报取名为《劳动文化》。这份不定期的小报只出了4期,撰稿者有蔡和森、向警予、施存统、许兴凯等人。李大钊同志仔细地看过我们的每一期小报,1923年年初,为两位日本共产党的同志由莫斯科返国路经北京时,李大钊同志曾介绍这两位同志和我们座谈,并让我们捡出《劳动文化》已出版的一、二、三期送给日共同志。

当时李大钊同志是北大教授,已经有很多文章问世。像他这样一位冬一棉袍、夏一布衫、茹苦食淡、苦心孤诣的马克思主义先驱者,是我们这些年轻人景仰的先辈。李大钊同志关于"俄国的革命,不过是使天下惊秋的一片桐叶","布尔什维主义的胜利,就是二十世纪世界人类人人心中共同觉悟的新精神的胜利"等论述,和"试看将来的环球,必是赤旗的世界"的科学预言,开阔了我们的眼界，使我们看到新社会的曙光。我就是在那个时候选择了共产主义作为终身的信仰，走上了科学社会主义的革命道路。

1923年，我在高师课业结束，被派往安徽阜阳第三师范学校任教（大概是相当于现在"毕业实习"一类的性质）。临行前，李大钊同志曾嘱咐我，可在青年学生中宣传俄国十月革命和社会主义，所到地方越多越好，接触青年学生越广泛越好，任务是"广种薄收"，以学校教师的公开职业作为掩护进行宣传活动。同时也告诉我，不担负发展组织的责任。从当时的环境来看，李大钊同志的这些意见都是正确的，他重视舆论宣传和思想发动工作。他对我们怎样开展工作的意见，既合乎实际情况，又切实可行。这样，李大钊同志在我的心目中，就不仅仅是一位思想启蒙的先辈，而且还是一位党的领导者和组织者。他的这一宝贵指示，几乎贯彻在我一生的活动和工作中。

1923年底，我回到北京，领到高师的毕业文凭，并按当时的规定，回到云南昆明，担任中学教师。临行前，李大钊同志给我布置的任务是："要尽可能多地组织读书会，阅读进步书刊，适当地宣传马列主义和苏联的十月革命，为建立党团组织准备条件。"1925年冬，由于第一次国共合作和大革命形势发展，北方党组织通知我回北京。我回到北京时，已是1925年底了，我去向李大钊同志汇报云南的情况，当时李大钊同志在苏联大使馆办公，但另开一旁门出入。李大钊同志告诉我："东北（当时叫满洲）很需要人，你赶快去，找吴丽实同志接头。"他还向我介绍了东北的情况，布置了在文化教育界开展宣传教育工作的具体要求。当时由李大钊同志派往东北开辟党的工作除了吴丽实同志外，我知道的还有任国桢、杜继曾等同志。经李大钊同志批准，1926 年春我在哈尔滨转入中国共产党。

在李大钊同志的具体指导下，在大革命的形势推动下，由于吴丽实同志的具体组织领导，哈尔滨等地党的工作虽是秘密的，但仍蓬蓬勃勃地开展起来了。在文化教育界，党组织掌握的或党员在其中起主要作用的报纸有《哈尔滨日报》、《国际协报》的副刊，并出版了一份叫《灿星》的文艺刊物。党组织派人经办的滨江大戏院经常放映介绍苏联和十月革命的电影。党在铁路工人等方面的工作也有进展。以吴丽实为主要负责人的哈尔滨特区党组织的工作显得很活跃，因此也就引起了东北反动军阀的注意。

1926 年底，由于《哈尔滨日报》刊载了抨击日本军国主义企图侵占东北、抗议反动军阀认贼作父的文章，《哈尔滨日报》被迫停刊，滨江大戏院也被封闭。一些同志被捕或被迫转移，工作遇到一定的困难。这时，吴丽实同志曾派我回北京向李大钊同志汇报情况。我到北京见到李大钊同志，由于繁重的工作，他清瘦多了，但两眼仍然炯炯有神如故，他仔细地听取了我的汇报后，让我赶快回东北，转告吴丽实同志，随着大革命、北伐形势的发展，党的活动还要发展扩大，东北也将成立新的机构。李大钊同志还指示我们，活动要注意隐蔽，不要过于暴露，已封闭的报馆、戏院就不要恢复了。总之,李大钊同志告诉我们,聚集力量,准备迎接大革命的高潮!

次年,即1927年春天,我们在哈尔滨成立了最早的以吴丽实为书记的满洲省委。党在东北的工作进入了一个新阶段。但就在此后不久,李大钊同志在北京被捕,随后英勇地就义于反动军阀的绞刑架下。"江流自千古,碧血几春花。"李大钊同志悼念牺牲了的战友的诗句,也成了后起的同志对李大钊同志作为伟大的革命先烈的颂歌和最深沉的悼念。

从我和李大钊同志的接触中,他给我的印象是:为人敦厚,生活朴素,平易近人,他是沉默寡言、不苟言笑的,但一当分析问题和指导工作,却异常精辟而坚定,给人以"言必行,行必果"的极为刚毅的印象。新中国成立以后,林伯渠同志为《李大钊选集》题的诗,其中有两句是:"大智若愚能解惑,微言如闪首传真。"这总算恰如其分地描绘出了李大钊同志一生的为人和工作。

1949年10月1日,在党的领导下,我们建立了新中国。新中国成立前夕,在为人民英雄纪念碑奠基的时候,我曾想到过这总算是初步实现了先烈的理想,算是对先烈的缅怀和安慰。李大钊同志早年的诗中曾写过:

> 壮别天涯未许愁,
> 尽将离恨付东流。
> 何当痛饮黄龙府,

高筑神州风雨楼。

巍峨的人民英雄纪念碑正是对那些以身许国、英勇献身的先烈的纪念，也是神州久经风雨、获得胜利的记录。但是，要在神州建立经得起任何风雨考验的、繁荣富强的社会主义现代化大厦，我们这些幸存者的任务还很繁重，年轻一代的任务就更为艰巨。但愿我们永远记住先烈的献身精神和百折不回的斗争意志，为实现祖国的四个现代化，勤奋地工作和不断地努力！

1979 年 10 月 25 日于北京

（原载《楚图南集》，云南教育出版社 1999 年版，原标题为选自《怀念先烈李大钊》）

5."这就是'南陈北李'说的由来"

罗章龙

守常同志英勇就义 50 多年以来，每当忆起和他朝夕相处、共同战斗的岁月，他那谦虚、持重、英姿勃发而又气韵沉雄的音容笑貌，总是使我激动不已。自从我进入北京大学起，就亲聆他的教导，直到 1926 年 9 月我离开北方为止（中间我曾一度离京出国赴欧洲工作），前后历经 8 年之久。我与他谊兼师友、肝胆相照，所受教益终生难忘！

红楼发轫　大辂椎轮

我在中学时代，就从《新青年》杂志上读到过守常先生的学术与政论文章，心仪其人，却又无缘晤见。1918 年 9 月，我考入北京大学后，在办理入学手续时，按照学校规章，须填写入学保证书，并由本校教师二人签章具保，才能入学。我初到北京，人地生疏，于是想到李守常先生，就试往拜访（他时任北京大学图书馆主任）。我走进红楼他新迁的办公室后，正值宾客满座，工作很忙。我向他说明来意，他并未多加询问，随手在保证书上签名盖章后，嘱我及时前往教务处办理注册手续，以免逾期。临走时他又说：“你们南方同学来京上学很不容易，如果还有像你这样急需具保的同学，你可介绍他们径来找我。”寥寥数语，道出了李先生对青年学生的关切之情。我第一次见他，就留下了李先生待人接物十分谦和的深刻印象，同学们也乐于去和他接触。

入学以后，我选听了守常先生的《唯物史观》课程。过去的历史课，都不外是按旧史观照本宣科，不出春秋义法和二十四史范围。而李先生讲授这门课程，在当年是件新鲜事物，这门课无现成教本可循，要自己编写讲义。他的讲义从科学的唯物史观出发，立意创新，内容精当，而且篇幅很多。他在课前亲自散发讲义，每次都有十张八张，的确开全校风气之先，足见他是经过了长期准备的。李先生讲课有系统，兼有条理，而且联系中外数千年的历史发展加以印证，具有高度说服力，所以同学们听课十分踊跃，座无虚席，迟到的就站着听讲，这些对我印象至深。北京大学前身是京师大学堂，封建思想浓厚，但一些青年接触了新知识，很不满现状，要求进步，渴望新的思想境界，而李先生学贯中西，思想新颖，正是这些青年学生所向往和追求的榜样，于是对他深为敬仰，自然地团结在他的周围。

李先生对班上同学的学习非常关切，我也因而有机会同他不断接触，就政治与学术方面共同感兴趣的问题向他求教。我那时是预科德文班的学生。李先生对德国哲学、史学、文学艺术都怀有很大兴趣，常以自己不能阅读德文原著为憾，要我随时向他提供德国学术思想界的近况，包括政治、经济、文史、哲学等方面。我也向他建议，可以趁大战后德国通货膨胀、马克贬值的机会，大量购进德文书籍充实馆库。他同意这样做，直接向德国出版机构订购了大量图书，其中有康德、黑格尔学派以及马克思主义的书籍，这是当时北京大学图书馆新增的财富，也为国内其他大学所不及，我们因而能直接接触到马克思的原著，较早地开始了对马克思主义的研究。

当时北大图书馆有各种文字（英、德、法、日等）的外文书籍，亟待整理上架，需要一批工作人员，他们至少具备能看懂原文图书序言和目录的程度，以便写出提纲，做成卡片，才便于出借。那时图书馆里的旧职员多不能胜任，他们大多是一些逊清时代留用下来的旧人员，不能轻易撤换，而新人员又受名额限制，不能随便引进。于是，李先生找我去商量，想出了“义务劳动”的办法，由我邀集一些谙习外文的同学帮助整理，其中有李梅羹、王复生、王有德、高尚德、范鸿劼、商承祖、宋天放等德文班、英文班和法文班的同学，共襄其事。

当年图书馆的书库和外文阅览室地方颇为狭小，我们编目时大部新书都放在地板上,大家席地而坐,进行翻译、编目、打印卡片。我们只能利用课余时间来做,因而工作是艰苦和紧张的。这样工作了一个时期后,外文新书都可以上架了。李先生很满意,对人说:"这些同学做得很不错,我们在外面是找不到的。"他还赞誉我们是"被褐怀玉",意指我们南方来的同学一般较穷,衣冠朴素,营养不佳,却勤奋好学,力求上进。

北京大学讲义课主任李辛白(安徽人)曾出版小型刊物《新生活》,介绍新思想,倡导民主、科学、牺牲精神,由北大师生共同撰稿,李先生写的文章最多,有60多篇。这个刊物虽小,但涉及许多当时的重大社会问题,因而很有影响。这个刊物也常是李先生和我谈话的题目。记得一个星期天,他约我去他家,漫谈中提到我在《新生活》上写的《世界工学运动》和关于旗民生计问题的文章,他看后认为文章提出了当前重大的社会问题。在讨论青年思想问题时,又涉及该刊上的一封白话通信(《新生活》第25期),那是我弟弟章璆写给我的,反映了青年们的思想苦闷。他阅后说,一个普通工厂学徒,能写出这样新颖的文字,可谓难能可贵,并向我讲了一个蜀国文翁箍桶的故事,赞誉劳动人民中的好学精神。在那次漫谈中,李先生还谈到他在日本治学的情况,话题转到翻译问题上,他说:"日本学术界从事翻译又快又好,对世界学术动态反应敏锐,这也是他们科学昌明的一个重要因素,我们落后了,我们也应该这样办。但北大没有这个专业,只有靠我们自己创立,我希望你们多作些翻译工作。"这次谈话对我们很有启发，后来，我们就决定在以前编目的基础上，继续坚持翻译工作。

起初，我和同学商承祖合译了《康德传》，约12万字，由蔡校长介绍到上海中华书局印行出版。后来我们才逐渐转到马克思著作的译述。我们这样做，提高了外文水平，锻炼了文字，大家劲头很大，一直持续到马克思学说研究会成立以后。

十月革命后一两年，我们开始较多地翻译一些马克思主义著作，这中间李先生也亲自参加了，其中包括《共产党宣言》和列宁在狱中写的《帝国主义是资本主义的最高阶段》。前者花了很大气力方完成初稿，后者只翻了一半，由于忙于工人运动就搁下了（关于《共产党宣言》从德文译出的片段，曾在1923年出版的《京汉工人流血记》中引用过）。

我们一面翻译，一面研究，慢慢地对马克思主义的认识也提高了，感到很不满足，认为只靠少数人从事这项工作是不行的，要求有更多的人来共同学习和研究马克思主义。这时，我们在李先生指导下，开始想到酝酿组织马克思学说研究会。

南陈北李　革命先行

回忆我们接触和学习马克思主义的历程，李守常先生无疑是我们的启蒙老师。与此同时，陈独秀先生对我们的影响也是毋庸讳言的。在当时，陈、李二位先生事实上是革命青年的领袖，他们二人情谊甚笃，在推动革命思想、传播马克思主义方面如同辅车相依，是不分轩轾的。

守常先生生平言行一致，即知即行，他所刊布的学术、政论文章，实大声宏，雄视当代，与怀宁文风南北辉映，这就是"南陈北李"说的由来。

独秀先生到北大执教比守常先生早一些，我进北大时，他们已都在北大共事。在五四运动中，我们勇敢向前，大干了一番，给予卖国贼集团以应有的惩罚，从而认识到群众运动对改造社会有意想不到的效果，乃开始接触到马克思主义，其间深受陈、李二先生的影响。

北大是新文化运动的领导中心，文学院居主导地位。蔡校长独排众议，延聘陈独秀先生为文科学长。这是北大校史上划时代的举动。

陈先生原名仲甫，安徽怀宁人。他生于1879年8月，比李先生年长10岁。陈先生当北大文科学长时，已快40岁了，所以我们都是晚辈。我在进入北京大学初期，就听说陈独秀先生很有抱负，与众不同。从守常先生和北大安徽老师们谈话中透露独秀先生在青壮年时代，思想激进，言论惊世骇俗，对于推翻专制政体，推翻清廷，改革社会，他都主张采取直接行动，他与柏文蔚曾组织过岳王会，以期实现他的主张。其后乃刊行《青年杂志》，后来改称《新青年》。

　　李、陈交谊素笃。守常对独秀很尊重，总是称他为仲甫先生，在我们面前从不叫他的名字。他常说："仲甫先生是中国新文化运动的创始者，革命的先锋。"陈、李二先生对同学是比较谦和的，同学也乐于接近，我对他们都很敬重，奉若严师，敬礼有加！

　　1919 年 6 月，独秀先生因散发《北京市民宣言》传单被捕入狱，我们对他更敬重了。

　　独秀入狱后，守常离京时嘱咐我们要以全力营救他出狱。经多方设法，花了很大力量，历时数月独秀才被释放。独秀从狱中出来后，思想更激进了，革命意志更坚定了。我们通过营救活动，彼此也更团结了，逐渐形成了一股政治上的力量。而李、陈二先生在青年学生中逐渐成为有威信的革命领袖。

　　守常先生所写的《欢迎独秀出狱》一诗，对陈独秀的感情表露得很充分。

欢迎独秀出狱

（一）

你今出狱了，

我们很欢喜！

他们的强权和威力，

终竟战不胜真理。

什么监狱什么死，

都不能屈服了你；

因为你拥护真理，

所以真理拥护你。

(二)

你今出狱了，

我们很欢喜！

相别才有几十日

这里有了许多更易：

从前我们的“隻眼”忽然丧失，

我们的报便缺了光明，减了价值；

如今“隻眼”的光明复启，

却不见了你和我们手创的报纸！

可是你不必感慨，也不必叹惜，

我们现在有了很多的化身，同时奋起：

好像花草的种子，

被风吹散在遍地。

(三)

你今出狱了，

我们很欢喜!

有许多的好青年,

已经实行了你那句言语:

"出了研究室便入监狱,

出了监狱便入研究室。"

他们都入了监狱,

监狱便成了研究室;

你便久住在监狱里,

也不须愁着孤寂没有伴侣。

独秀先生虽是从监狱出来,但他的处境仍是很危险的。当时在北洋军阀统治下,根本无法律可言,生杀予夺全凭军阀意旨。守常先生和我们考虑到仲甫先生的安全,决定由守常先生护送他出京,他到天津后转乘海轮前往上海。

此事后来有人传为"南陈北李,微服出京",叙说陈、李友谊甚笃的一段佳话。当年征宇也曾作诗赞誉李、陈二先生,诗云:

北大红楼两巨人,

纷传北李与南陈。

孤松独秀如椽笔,

日月双悬照古今。

国际使者东来，中共北方小组建立

风云激荡的五四运动高潮过去以后，一般同学认为，轰轰烈烈的革命形势告一段落，大家又可以埋头书斋了。这时胡适迎合这种思潮，提出"多谈问题、少谈主义"的口号，要青年不问政治，想把青年的活动纳入杜威"实验主义"的轨道。当时有一些人认识不清，同情他的主张，想发起组织问题研究会。守常先生不同意这种提法，著文加以批驳。我们支持他的意见，在同学中广为宣传。尽管那个口号聒噪一时，我们并未为其所动，继续深入革命理论研究，翻译马克思主义的经典著作，积极介绍十月革命，有计划地培植"一种改造社会的士气"（这是当年的习惯用语——作者注）。就在这时，一个引人注目的事件发生了——共产国际代表的东来，促成北京共产主义组织的建立。随着深入开展革命产业工人运动，我们在守常先生的领导下，沿着"五四"的道路更加阔步向前。

先是，北洋军阀政府自"五四"以来就暗中查禁"过激党""过激主义"，通缉宣传社会主义、反对军阀政府的"犯罪分子"。独秀先生被捕入狱也是由此引起的。他出狱后，革命思想更为坚定，终于成为社会主义的信徒，他和守常已就组织党的问题进行过交谈。与此同时，我们同学在多方营救陈先生出狱的过程中，感到组织的力量和必要，更明显地团结在李、陈二先生的周围，可以说是初步具备了建党的思想和组织基础。

到了 1920 年春，上述的想法更成为我们经常的议题。我们不满足于一般的结合，如新民学会、辅仁学社和曦园等，认为应以主义来结合，开始酝酿组织马克思学说研究会，系统地研究马克思主义。

1917 年十月革命以后，直到 1919 年 3 月第三国际成立，中苏间才逐渐有了往来。共产国际是以支持远东各国民族革命为己任的。当时苏联正处于国际帝国主义封锁包围之中，面临着国内外许多新问题，急需到东方寻求同盟军。这样，1920 年四五月间，第三国际的使者维经斯基夫妇来到北京，随行的有翻译杨明斋。

维经斯基来京之后，首先访问北京大学，会见了守常先生。

五四运动以后，北京大学在国际上很有声望。一些国家的文化、教育机构与北大也有了往来，图书交换、学术交流频繁，她的学术地位开始为国际所承认。守常先生是北京大学图书馆主任。他在当时写了不少水平很高的学术论文，在《新青年》杂志上公开宣传马克思主义，赞扬十月革命，享有很高的声誉。所以，第三国际代表到北大会见守常先生，也是很自然的事。

维经斯基的来访，事先是经过充分准备的。他了解到独秀先生与守常先生在“五四”时期是青年运动的思想指导者，是积极宣传十月革命的先行者。他同守常先生见面谈了一席话后，对守常先生和独秀先生的评价很高。谈话后，他提出要会见参加过五四运动、新文化运动和接近马克思主义的一些同学。这样，守常先生就找了我们几个人到图书馆同维经斯基见面，并举行了座谈会。会上，维经斯基介绍了十月革命和苏联现行的各项政策，如土地法，工矿企业、银行等收归国有，工厂实行工人监督与管理，以及列宁提出的电气化宏伟规划等，还讲到了苏联在十月革命胜利后遭遇到的种种困难，以及苏联在那时不得不实行军事共产主义、余粮征集制，等等。他不仅十分详尽地做了介绍和说明，还带来了一些书刊，如《国际》杂志和《红旗》杂志，包括英、德、法文的版本，我记得其中有美国记者约翰·里德写的介绍十月革命的书《震撼世界的十天》和《国际通讯》等。这样的谈话会后来又开了几次，我们当时渴望了解十月革命，了解苏联，他谈的这些情况使我们耳目为之一新，从而对苏联的政治、经济、军事和文化都有了一个比较清楚的认识，看到了一个新型的社会主义国家。

维经斯基的工作很细致。他除了开座谈会、介绍苏联情况、了解中国情况之外，还找人个别谈话，作进一步了解。他年约40岁左右，是一个有学问和具有丰富经验的人，对大家提出的问题，他解答得恰如其分。他英文很好，兼通德语，能用这两种语言与同学交谈。他熟悉中国近代史，从义和团到同盟会，从辛亥革命到五四运动，所涉很广。对于北大学生运动的概况，以及从《新青年》杂志编辑阵营及北大内部教员、学生的思想情况，他都不厌其详地进行了解，他看问题比较客观，他曾说："你们这些同学勇敢地参加了五四运动的实际行动，又在深入研究马克思学说，你们都是当前和未来中国革命需要的人才。"他勉励大家，要好好学习革命理论，了解苏联十月革命的经验，中国也需要一个像苏联共产党那样的政党。他谈的这些话，很符合我们的心愿，大家体会到，通过和他谈话，对苏联十月革命道路，对世界革命的前景和共产主义的远景充满信心，怀有无限的希望。

维经斯基在北京期间，同我们相处得很熟，也做了很多工作。

在他行将结束在京访问的一次会上，维经斯基以国际代表的身份作了讲话，大意是说：他的访问是双方共同需要，经过一段了解，这次参加座谈会的人都是信仰共产主义的中坚分子，拥护十月革命，积极参加当前革命斗争实践的先进分子，他以第三国际代表身份，同意应邀参加座谈会的人为共产党员。守常同志也在会上讲了话，对第三国际代表表示感谢说："我们这些人只是几颗革命种子，今后要努力耕耘，辛勤工作，将来一定会开花结果。"会后，维经斯基还赠送了一些书籍和刊物，并与我谈了一些有关双方联系的技术方面的问题，把我们的名字和通讯方式记下来，以便今后联系。我们后来源源不断地收到从国外寄来的外文书刊，充实"亢斋"（即亢慕义斋）的图书，就是从这时开始的。维经斯基在北京工作结束后，由守常同志写信介绍到上海，会见陈独秀。临行时，他对我说："我们谈话很有意义，不是'老生常谈'，不久的将来会以事实证明的"，连称"此行成功，后会有期"。

北京共产主义早期组织最初的成员有：李大钊、张国焘、罗章龙、刘仁静和李梅羹等，随后几个无政府主义者加入，但又旋即退出了。后来加入的有邓培、缪伯英、邓康、高尚德和史文彬等。随着工人运动的开展，队伍不断壮大。起初工作没有严格的分工，主要是宣传马列主义、开展产业工人运动。守常同志则作为总的领导人，其他人遇到什么工作就做什么工作。稍后工作渐渐发展，开始简单地分工。张国焘负责组织、交际、联络等；我负责宣传，主编《工人周刊》，兼负北方工人运动责任；邓中夏做学生、青年与共青团工作；刘仁静主要搞翻译工作，主编《先驱》和搞团的工作，彼此间既分工又合作。

北京共产主义小组这个名称，是事后这样称呼的。在过去，对内对外都没有用过这个名称。现在“小组”的名称相沿成习，本文也就沿用这个名称来称呼当时的组织。

北京共产主义早期组织成立后，进行了很多有意义的宣传工作。一次，守常在图书馆邀我们聚谈，他谈到1920年5月1日是国际劳动节，我们中国工人阶级应该有所表示，我们应该组织庆祝宣传。他讲了一个故事，说五一国际劳动节在一些国家很早就纪念了，上年（1919年）日本人曾在一个刊物中讥笑我们对五一节茫然无知，说：“还没有进入支那人的清梦。”我们听了后，决定在长辛店和北京扩大纪念中国第一个五一国际劳动节，公推守常起草纪念5月1日的文章。守常费了几天时间，写了近万字的文章，这是我国历史上第一篇记述五一国际劳动节的文字，非常新鲜。于是,我们去找北大印刷厂的工人协助印刷。由于时间紧迫,从拣字、校对到排印,白天黑夜轮流加班,由刘伯青设计了封面,共印了三千多份,印成后在长辛店、北京大学"五一"纪念大会上散发,还带往南口、石家庄、唐山等处工厂散发,这也是北方小组成立后的第一次大规模活动。

在五一节期间,小组同志还翻译了一个话剧本,由伯英等在各处上演,宣传"五一"斗争。内容是演芝加哥及德、法各工业城市要求 8 小时工作制的战斗故事。

继维经斯基之后,少共国际也派代表格林来华。北京大学共产主义青年团于 1921 年前后开始筹备成立,到 3 月 30 日的一次大会上统计,人数已达 55 人。那次会议,被一个化名为"关谦"的密探混入会场。事后,他向谍报机关报告他探知大会的情况,写了一份密报,被保留下来了,今天倒成为一篇当年的纪实文献了。原文如此:

为报告事,窃于三月三十日下午一时三十分钟,共产主义青年团在北大第二院开第四次大会,查是日到会者共二十五人,探知其姓名者,有李大钊、罗章龙、张国焘、刘仁静、高尚德、宋价、顾文萃、王伯时(岩?)、郭振铎、徐六几、张作陶、陈德荣、李一志、顾文仪、徐文义、郭文华等。首由书记张国焘作报告,在三月十六日以前共计会员四十七人,现又加入八人,共计五十五人，但内中已有出京者七人……

这是60年前保留下来的关于北京共青团第四次会议的重要文献，守常先生是这次会议的领导者。

长城渤海　激荡风云

1921年暑期将临的时候，我们接到上海方面的通知（时独秀亦从南方来信，不在上海），要我们派人去参加会议，我们对会议的性质并不如事后所认识的那样，是全党的成立大会。时北方小组成员多在西城辟才胡同一个补习学校兼课，就在那里召开了一次小组会议，会上推选赴上海的人员。守常先生那时正忙于主持北大教师索薪工作（原索薪会主席为马叙伦，马因病改由守常代理，这次索薪罢教亘10个月之久），在场的同志因有工作不能分身，我亦往返于长辛店、南口之间，忙于工人运动，张国焘已在上海，乃推选张国焘、刘仁静2人出席。会上未作更多的准备工作，刘仁静赴南京参加少年中国学会，会后才到上海的。中共一大会后，成立了北方区委（与此同时江浙、鄂区、湘区、粤区亦相继成立区委），守常同志主持北方区委工作，直到1927年殉难为止。参加北方区委的成员及组织由简而繁，前后互有更选。

我和梅龚、伯英、君宇、中夏等亦先后参加区委，分任宣传、青年和妇女工作。以后区委成员增加，并成立北京地委，天津、唐山、东北等地，亦先后成立党委。

1921年11月，独秀以中央书记名义向全党各区发出通知，强调建党工作和开展工人运动，事前又在上海召开了工作会议，确定全党以主要力量用于开展工人运动，并建立了中国劳动组合书记部和各地区分部，我出席了这次会议，会上推定我担任劳动组合书记部北方分部主任。

在北方区委和守常同志领导下，从1921年下半年起，书记部北方分部几经讨论，对北方地区和主要铁路、矿山筹建产业工会和开展罢工斗争的工作进行了规划，前后计有陇海铁路大罢工、长辛店大罢工、开滦五矿罢工以及"二七"大罢工等大小斗争百余次。在这些斗争中，建立了各级工会，吸收了大量工人成分的党、团员，建立了许多基层党团支部。

先是劳动组合书记部人数很少，我们通过马克思学说研究会的活动，培养和输送了大量工会干部，短短的几年内各条铁路都有了自己的工会；又通过北大马克思学说研究会的同学，其中有不少党、团员利用他们假期回家和毕业后回到自己家乡，开展建党建团活动。如山西的高尚德、王仲一，陕西的魏野畴、刘天章、李登瀛，江西的袁玉冰，以及河南、山东、东北甚至云南（王有德和王复生等）、广西（谭寿林等）的初期建党活动，都是由北大马克思学说研究会的同学发动的，并和北方区委直接发生联系，正如守常同志所说："革命种子已撒播在广大的土地上，必然会开花结果。"革命形势犹如春云渐展，凌厉无前！

马克思学说研究会在北方区发挥过很大作用。守常先生要我们摒除"门户之见"的痼习，广泛延揽校内外的同学和工人，条件不应过严，对人不必苛求，做到集思广益、敞开门户。他还主张公开活动，设立公开讲座，借以扩大影响，他以全力支持。以小组成员为核心，以北大同学为主体，吸收国立八校的同学所组成的马克思学说研究会，在一年多的时间内，一面组织翻译马克思主义著作，一面深入铁路、矿山产业工人集中的地区进行调查访问，开办工人业余补习学校，传授革命道理。

中共一大会后，独秀从中央来信，强调迅速发展的方针。北方区委经过多次讨论研究，决心让马克思学说研究会公开活动。大家认为，第一步要在北大校内取得合法地位。于是我们拟定了学会的发起启事，经蔡校长同意，启事很快在校刊发表了。

启事刊出后（启事全文见《北大日刊》1921年11月17日），全校为之震动。次日起，即有人报名，除北大同学外，还有北京国立八校和其他学校同学闻讯前来报名参加。宋天放后来将启事全文单独付印，随同《工人周刊》分发全国各地，于是外埠通讯报名入会成为通讯会员的人也大为增加。

守常见报名者颇踊跃，喜出望外，向我说："蔡先生很明智，要知道这次我们初步获得成功，是大家长期努力所致，今后还应本此精神,继续工作,打开局面。"他的话使我们深受鼓舞,我们在中共北方区委的指引下,更加兢兢业业,继续前进。

启事刊布后,接着我和王有德同志去向蔡校长交涉学会成立大会会场等事。蔡孑民校长对学校新生力量有相当认识,做事也颇有勇气。前次,他同意我们刊出启事,这次我们找他,提出希望能在校长办公室里举行成立大会的要求,并邀请他出席,他都答应了。这次成立大会于1921年12月在第二院会议厅举行,到会会员60多人,由筹备会报告筹备经过,并推定我为主席,李梅羹为记录,请蔡孑民校长讲话,预约李守常教授讲话,选举办事职员和有关会务事宜,会后还合影留念。会上推定我为第一任书记,未几,我因忙于中国劳动组合书记部事,改由北大其他同学担任。

北京大学马克思学说研究会从1921年公开征求会员,到成立大会时有60多人,以后又陆续增加到110人左右,1922年夏季统计有150多人,1923年"二七"之前,增至300人左右,其中工人会员占百分之二十,还有些少数民族会员,学会工作一直持续了七八年之久。

马克思学说研究会会员,是后来北方建党、建团的基本成员。从1921年开始,北大以马克思学说研究会为基础,成立了一个党支部,这是北方第一个党支部,这个支部以北大学生为主,包括北大印刷厂的工人党员在内,我兼任支部书记。与此同时,成立了共青团北京大学支部。以后,在北京八校的马克思学说研究会的基础上，先后成立了一些党、团支部，随着工人运动的发展，分布各地的会员都成为当地党团中坚！

亢斋岁月　译书与工作

马克思学说研究会成立后，几经交涉，得到蔡校长的支持，找到两间宽敞的房子，作为马克思学说研究会的办公会址。房子里还包括应有的设备、家具、书架、火炉等，还派有勤务员值勤。

马克思学说研究会的房子，守常先生和我们都亲切地称它为"亢慕义斋"，其中"亢慕义"是德文译音，全文意思是"共产主义小室"（Das Kammunistsches Zimmer），对内习惯用"亢慕义斋"或"亢斋"，我们的图书以及对外发出公告资料都是用的"亢慕义斋图书"印记（北京大学图书馆现在还保存着 60 年前珍藏下来的盖有"亢慕义斋图书"图章的德文书 8 册）。这些图书一部分是由北大图书馆购进转给学会的，大部分则是第三国际代表东来后，陆续由第三国际及其出版机构提供的。

守常先生领导我们建立的"亢慕义斋"，既是图书室又是翻译室，还做学会办公室，党支部与青年团和其他一些革命团体常在这里集会活动。"亢斋"的地址在景山东街第二院，地名"马神庙"，又叫"公主府"，它同校长办公室相距不远，有校警站岗，闲杂人等不得入内,在校内是公开的。

"亢斋"室内墙壁正中挂有马克思像,像的两边贴有一副对联:"出研究室入监狱,南方兼有北方强",还有两个口号:"不破不立,不立不破",四壁贴有革命诗歌、箴语、格言等,气氛庄严、热烈。自分得房子后,大家欢腾雀跃,连日聚会。守常也和大家一起朗诵诗歌,表示庆祝,"亢斋"同人如天健、克钦和我都写诗纪念。

对联"出研究室入监狱,南方兼有北方强"是宋天放的手书,取自独秀和守常的诗句。上联"出研究室入监狱"意指搞科学研究和干革命,革命是准备坐监牢的;下联"南方兼有北方强",意指马克思学说研究会里,有南方人,有北方人,守常称南方人为南方之强,我们则誉守常等为北方之强,南方之强又加上北方之强,表示南北同志团结互助,同心一德,这副对联概括了当时学会生活奋发图强的精神。

"亢斋"中"不破不立,不立不破"的口号,体现了北京大学校内的斗争。当时的北大,是新旧思想矛盾集中的地方,一方面代表无产阶级革命思想的马克思主义如日方升;另一方面,守旧、复古思想其势犹炽,唯心主义、宗教思想也相当活跃。北大开设的课,听的人也不少,同学中研究印度佛经和老聃、庄子思想的人也很多,那些留日、留英、留美的先生们,把西洋资产阶级反动思想贩运到中国来,可说是五花八门,样样货色都有。蔡元培当时的思想是居中偏左的,对马克思学说研究会的人怀有好感。在这样的情况下，我们不把马克思学说立起来，就无法破对方，不破对方，马克思主义的旗帜也打不起来。为了开展思想意识形态的斗争，我们努力翻译和介绍马克思主义的书籍，宣传马克思主义。当时也有有利条件，蔡元培先生很强调学习外语，课程安排上，外语比重相当大，有英、德、法、日、俄、西班牙语以及拉丁文、印度梵文等七八种之多，都开了班。我们"亢斋"的翻译组就是吸收这些外语系的同学，计有三四十人，其中德语有十来人，英语二十多人，俄语四五人，法语五六人，日语也有一些人，还有老师辅导我们。

在中共北方区委和守常同志领导下，作为党的联合战线工作的一部分，我们在意识形态领域里展开反帝斗争，组织了两个团体，即反基督教同盟和非宗教大同盟。发起非宗教大同盟后，还在北京大学第三院召开成立大会，到会各界代表四五百人，还出版了非宗教丛刊。非宗教丛刊第一本为《非宗教论》（北大图书馆保存有此书），其"序言"中提到："我们第一次汇集非宗教同志的言论，得了萧子升、罗章龙、罗素、蔡子民、张跃翔、陈仲甫、周太玄、吴又陵、李幼椿、李石曾、李守常、朱执信、王抚五诸君的文字共数十万言……"（该书编于1922年5月1日），还编有各省《教毒图》刊印出版。上述诸作者绝大多数都是非宗教同盟的发起者和中坚人物，上述丛书的出版，在北京引起了轰动，招致了激烈的争论，并受到帝国主义报纸的攻击。对立双方针锋相对，是意识形态领域中的一场激烈斗争，内容广泛，包括反对宗教统治时期的中世纪黑暗落后的独裁专制制度、各种各样的迷信和偶像崇拜等，提倡崇尚科学。在当时所起的作用，也可说是一次思想大解放。其后，杨明斋同志出版一本评东方文化及其哲学的书，也是在北方"亢斋"同人协助下印行的，对于唯心论挑战作了应有的回击。

主持北方区委　实行集体领导

中共北方区委当年领导地区很广，除北京、天津、唐山、石家庄等顺直省地区外，还包括河南、山东、山西、陕西、东北和内蒙古地区，甚至和云南、贵州也有联系，除此之外还包括全国各条铁路等。

北方区委在组织上受上海中央领导，但还有它独特的地位。当时国际代表和苏联公使常驻北京或路过北京，因此在政治上还接受他们的指导，如维经斯基（1921年）、马林（1923年）、加拉罕（1924年）均到过北京，1922年陈独秀也一度住在北京。

当时北方区实行集体领导制，在党中央指示领导下进行工作。凡重要决策和方案，均通过会议慎重研究，详细讨论，多数表决，然后付诸实施，通过先后成立的工委、农委、青运、妇运、民运转交北方书记部、共青团等机关贯彻执行，并责成各部门互相协作。北方区委集体领导，充分发挥"临事而惧，好谋而成"的精神。如1921年组织陇海铁路罢工,是第一次重大斗争的演习。又如1922年发动长辛店8月罢工后连续组织了京绥、正太、京奉、津浦各铁路的罢工斗争。当时敌我形势错综复杂,北方区委会议讨论上述联合斗争时,气氛热烈,也有人认为"风险不小,后果难料"。守常指出:"论理就是这样,我们应该临事而惧,好谋而成。我相信一定会成功的。"上述各次斗争的方案大都是通过充分讨论坚决施行的。

守常生前一直负责主持北方区委工作。他在工作中,以身作则,贯彻党内民主,实行集体领导。他坚持原则,服从中央,根绝派性,排除宗派思想。在他带领下,北方区组织长期稳定,团结一致,发扬正气,严斥奸佞,形成了一整套有关合理使用干部的人事制度,使北方区委成为一个艰苦朴素、忠心革命,既是指导北方地区各项活动的运筹帷幄的决策机关,又是一个执行决议的坚强战斗集体,守常同志在北方建党中的功绩是不可磨灭的。

守常同志谦虚谨慎,作风民主,很尊重群众的意见。区委成员最初人数较少,且北大同学居多。随着工人运动的开展,北方区委成员中逐渐增加了产业工人的成分,先后相继参加区委领导的有京汉铁路的史文彬、津浦铁路的王荷波、京奉铁路的邓培、胶济铁路的郭恒祥、正太铁路的孙云鹏及张清泰等。这些工人领袖参加区委领导后,工作局面大为改观,区委发挥集体力量,成功地领导和发动了多次大规模的罢工斗争。再者,区委下属的许多支部是由工人党员所组成,他们和群众有紧密的联系,也是重要因素之一。因此，当时国际代表评说："北方区很有些像工人党的样子。"守常听后，语重心长地说："我们凡事要虚心，'盛德容貌若愚'，不要自满，还应努力做好实际工作，使各方面都能名实相符，成为工人阶级的政党。"

守常使用干部，大胆放手，对同志十分信任，他常说："疑人不用，用人不疑，何况革命同志更非他人可比，是同生死共患难的，应比家人还亲。"在叮咛工作时，他常爱说的口头语是"大而化之，你瞧着去办吧！"我们听了总是喜惧交并，奉命唯谨地去执行。

在人事制度方面，北方区委任用干部，本着大公无私，不分亲疏，不讲派系，一视同仁；是非升黜，全凭革命品德才能，及在革命实践中的贡献为主；赏罚付诸群众，曲直自有公评。

北方区局面日益扩大，工作人员众多。在教育党员方面，守常总是主张革命原则，一秉大公至正，主张团结，既不损害同志，也不放松批评。事实上，在守常同志主持北方区时期，他不止一次地论述革命者要怀有智信，不搞宗派，反对盲从，根绝偶像思想，认为这些思想作风都是旧时代流传下来的，极不正当的恶习。因此，在北方区党内生活纪律严明，战斗行列组织严整，士气旺盛，同志间和谐合作，心情愉快，各级领导工作同志都实行以德服人，反对压服，摒除那些纵横捭阖、尔虞我诈的坏作风。在实际斗争中，养成见利不争、见害不避，北方数以百计的干部，在对敌斗争中与全体党员一道，均能临危不惧，英勇奋

斗，不怕牺牲，很少有降敌、为虎作伥的事情。在 1927 年前，
北方区烈士，以守常同志为首英勇牺牲的，前后不下百数十人，
著名的有游天洋、戴培元、王忠秀、李昧农、李季达、江震寰、
胡信之、伦克忠、邓培、王仲一、王荷波等。

在经济管理制度方面，守常同志带领大家以艰苦卓绝，忠心
为革命、为党、为人民大众服务的作风，上下一心，不争权夺
利，埋头苦干，规定会计、出纳独立，实行群众监督，公开决算
账目，党的干部一律不得直接经手现金出纳以及物资发放等。对
贪污舞弊事项，先事预防。因此，北方区前后经历近百数次大小
罢工斗争，募款、赈济，来往大量现金和物资，很少发生贪污现
象。最大的如开滦五矿罢工，数万工人历时 40 多天，经手累万
的现款和物资，维持斗争局面直至胜利，的确是一件难能可贵
的事。

北方区委对党员教育非常重视，要求建立革命生活，学习时
事理论，从事工人教育事业和参加群众斗争。当时北京社会风气
很坏，市民中以听戏捧角、哼唱京调为时尚。在北京大学内风行
《消闲录》小报，以狎妓捧角为风雅。北方区委要求党团员和劳
动组合书记部成员一律不许沾染此风，保持高尚的革命情操。守
常提倡革命生活，每当罢工斗争胜利时，他就邀请大家到西城后
宅他家中聚会，为大家包饺子。一面汇报斗争经过，一面聚餐，
并弹琴、唱歌、讲故事、说笑话等，共庆胜利。

北方区委在守常同志领导下，集体领导形成制度，不论他

外出度假或出国开会等，都能照样运行自如。1923年寒假期间，守常应邀去武汉大学讲学，借以扩大宣传阵地，我们也极力赞助他去。当时劳动组合书记部北方分部正筹备京汉路总工会，临行守常让我兼为主持区委工作。岂知守常走后，吴佩孚突然大肆镇压京汉铁路工人。面对这一白色恐怖，北方区委留京同志贯彻集体领导，应付局势，临危不乱，并积极开展斗争。这个期间，没有一个人擅离职守。这是守常平日对区委同志严格要求与训练的结果。

区委干部大多数是他的学生，对他非常尊重。他当时还有教学工作，除北大外还在北高师兼课，课程排得满满的，社团活动以及社交活动也很频繁。因此，一些具体工作我们也都力争承担，不去多麻烦他，而是事后向他汇报，同时也悉力帮助他做好国共合作、联络上层的统战工作。

中共北方区委成立以后，守常同志就很注重抓好上层联络工作，后来慢慢发展成为一个很重要的方面，即我党有关国共合作，联合战线的工作。这项工作对我们开展其他工作，争取朋友，孤立分化敌人，赢得有利的稳定局面是很重要的一环，守常在这方面独担重任，贡献最多。他在国共合作、主持国民党北京执行部等一系列统战工作中，为党作出了重大贡献。

先是守常同孙洪伊、王乐平、汤化龙等宪法研究委员会的人（这些人原属研究系）有接触，他通过和这些人的往来，慢慢发展认识了不少国会议员。

当时国会议员中，靠近共产党并和北方区委有往来的有王乐平、丁惟汾、江浩、王衡、李鼎声等二三十人。北方区委对他们作了些团结争取的工作。他们在必要时就站出来帮我们说话。当时这些议员虽无实权，但在制造社会舆论、揭露敌人方面却有一定作用。一些公开活动，由于他们的参加，扩大了社会影响。如北京第一次纪念十月革命节的会，是在北京大学第三院召开的，守常同志在大会上作了重要讲演。当时到会的人很多，其中教育界、议会两院、各部会的人来得也不少，他们在会上也发表演说，会议开得很热烈。

再是1922年越飞大使到中国，在苏联大使馆举行了一次几百人的盛大招待会，到会的都是北京的名流，其中议员不少，我们也去参加了。蔡元培先生在会上讲话说：“我们大家济济一堂。”我们纪念“五一”的活动，他们也参加了。这些在社会上很有影响。

我们搞开滦五矿罢工时，议员中也有帮助我们的，一方面他们在议会中发言质问当局，另一方面帮助我们募款。

“二七”罢工时，我见到两三个议员骑着毛驴去长辛店，其中有一个叫王素民，当时环境是很危险的。“二七”罢工失败后，长辛店举行追悼会，议员们也有去参加的。

还有一个银行界的议员对守常谈，你们太穷，工作开展不了，搞群众运动需要经费，我可以支援。类似这样的事情还有很多，当时很有一些议员团结在北方区委的周围，为我们说话，提供一些情报，有时还作一些掩护工作。

做好上层工作，我们就能方便地了解北洋军阀政府中的一些内幕和动向，这些对我们决定斗争策略是有帮助的。有些事我们知道后，就及时写文章登在《向导》上揭露，唤起群众觉悟。当时帝国主义的情况，我们比较容易知道，因为帝国主义之间矛盾重重，他们常常要在报刊上互相揭露，而军阀内部的情况我们就不容易知道。通过这些关系，往往就能知道军阀的内幕。如曹锟贿选一事，最先是从议员嘴里说出的，于是我们就写文章揭露曹锟。我们有组织地把一些内幕资料写成文章，送报刊发表，这对直系军阀是一个打击。当时议员中江浩、李鼎声、王法勤都是比较进步的，是守常的好友，其中一些人后来也入了党，在国共合作中发挥了力量。

守常同志是我党最早注意农民运动的领导人之一。他曾对北方地区农民武装斗争作过一番深入的研究，根据北方区委对北方各省农村所作的详细调查，区委会议提出了加强北方农民武装斗争的报告，并作成方案付诸实施。守常同志根据该项材料写成《鲁豫陕等省红枪会》为题的文章，刊登在《政治生活》周刊上，作为当时指导农民运动的重要文献。

1925年守常刊布的《土地与农民》一文，长达1万余字。文中阐明了北方区委关于北方土地政策的决定与策略问题，提出以贫雇农为主导的农民协会进行土地改革，与广东农民运动遥相呼应。北方区委还输送干部去广州农民运动讲习所学习，为北方地区培植农运骨干。

北方地区是汉、满、蒙古、回、藏各族聚居地带，同时也是历代民族矛盾集中的地区。当时（1923年）守常同志就注意到民族问题的重要性，指出应当在北京蒙藏学校发展党与团组织，培养民族干部。守常建议设置在北方区委领导下的民族工作委员会，由马克思学说研究会中籍隶热河、绥远、察哈尔等地区的同学组成，其中有王仲一（张家口人）、韩致祥（热河人）、何资琛、李渤海等同志参加，并开展民族运动工作。当时在蒙藏学校中建立党团组织，又在内蒙古旗盟中发展党组织，由是奎璧、荣耀先、吉雅泰、乌兰夫等同志先后被吸收入党，从此内蒙古地区革命工作日有起色。1925年建立内蒙古人民革命党，同时在喇嘛中进行了统战工作，使他们中有些人走上革命道路。

守常同志还亲临张家口主持成立包括热河、察哈尔、绥远特区的工农兵大同盟的工作，这就为后来内蒙古工农牧民团结战斗打下了基础。

艰苦朴素　永葆青春

守常同志自奉俭约、非常刻苦。他居室简陋，食不兼味，服饰简单，"大布之衣，大帛之冠"，以革命为家，支持党的事业不遗余力，对同志视如兄弟，见善如不及，有过必规劝，他曾经对我说:"人生一世如闪电火花,白驹过隙,稍纵即逝,只有努力为革命献身才觉心安理得,不致虚度一生。"

他一生读万卷书行万里路,持身严谨,坚守北大,进德戒约,不进烟酒,从不涉足非正当的娱乐场所。

守常家住一所简陋平房内,东西向,自住西房3间,东房2间客厅用于接待同志和小组集会场所。我们去他家时,有老李代为传报和守门,有时时间久了,守常留我们吃饭,亲自烙葱饼招待同志。他平日一如北方人的简单生活,一个大饼,一根葱,粗茶淡饭就满足了。

先时,共产主义小组初建,费用拮据,他自愿每月从工资中拿80元作为补助党的费用,后因家用不足,李夫人安排生活感到困难,学校知道这一情况后,决定每月交李夫人一笔费用外,其余才由他自行支配。

1924年6月,共产国际第五次代表大会和赤色职工国际会议在莫斯科召开,中共中央参加会议的代表有守常、荷波和我。守常自北京经满洲里先期到达莫斯科。我与荷波当时已调至中央工作,由上海启程,我们先后经过满洲里,会合于莫斯科,同寓于莫斯科卢克斯大旅馆。该旅馆是苏联专门招待国宾的,设备豪华。来自世界50多个国家的共产党、工人党所派遣的代表几百人云集于此,盛况空前!中国代表团包括共产党、共青团、赤色工会、妇女、各团体工作人员,人数颇多。我和守常同志同寓卢克斯大旅馆3楼,每天文书鞅掌,应接殷繁。

诸如参观访问，草拟文电，为国际报刊写文章和通讯，每日从清晨到深夜，十分繁忙。守常同志精力充沛，毫无倦容，坚持工作。

有一次，守常和我应邀出席国家剧院筹募苏联红军孤儿院基金大会，我们即席倡议出席代表厉行节约，把代表团生活节约的费用全部捐献给红色孤儿院，博得全场的热烈赞扬。我们同寓期间，守常同志仍如往常在国内一样保持朴素生活，着普通衣，穿桦皮鞋（苏联人以桦树皮所做的便鞋），自己打扫房间，接待各国来访客人，经常谈至深夜，待客人走后埋案继续写文章和通讯，生活非常节俭。

其间，一次我将远出，守常闻讯来送行，见我身着单衣，时近冬天，他说："你此去东行，将风雪载途，如何得过夜？"因取出自己所盖毛毯交给我，我婉言辞谢，他坚持不肯，将毛毯留下。事后，我发现毯端刺绣有蔷薇、文字，才知是出自李夫人之手，内心不安，屡欲送还，竟未遂愿。

莫斯科会议后，我被派往柏林工作，余下的繁重事务都由守常独自承担，他于年底回国。

当年中共北方区委活动的经费主要采取就地筹划，自力更生，大家都学守常从自己收入和助学津贴中筹出。北京大学的外地学生中，有由各省教育厅拨给公费助学，这部分学生则节衣缩食，量力捐款交付党费。此外，如工读互助团中席泳怀、缪伯英、易群先、杨华等同志，在辟才胡同补习学校教书，以其所得扣除生活费用后悉用来交纳党费。又如，在《晨报》副刊上，守常和我们的投稿收入以及杨希曾负责编辑的《国民新报》的收入，我在中华书局出书的版权费等也都作为党的经费。但是由于工作扩展迅速，往往也有力不从心、捉襟见肘的时候。守常同志对此更是毁家纾困，全力以赴，从不告诉外人，任劳任怨，其困难窘迫情况有非局外人所能了解或想象的。某次北方会议开支大增，宣传费、印刷费、旅费感到万分拮据，他虽然不露声色地鼎力撑持，多次张罗贷款，仍无济于事。在山穷水尽的时候，我乃不得已告诉仲甫。仲甫平时事忙，素不喜欢亲管此等琐事，但事已至此，就动问："你如何不早说？你持条往会 T.M.H，当可解围。"事后，守常以抱疚口吻问我说："谁叫你去说的？此等事本不应该向陈先生说，使他分心很不合适的。"从这件事可见，守常平日处理事务是独肩重任，体谅同志，不辞劳苦，不回避任何困难的。

著作等身　文如其人

守常擅长文学，风格挺拔，独具一格。他原名钊，笔名孤松。钊有勉励上进之意，他自比孤松，其意高峰挺秀，独立不群。守常先生从日本留学时就开始写文章，在中外刊物上投稿，著作等身。他在 1916 年 9 月，在《新青年》杂志上刊布《青春》文章，倡导民主与科学，有继往开来，砥柱中流精神，在宇宙、人生、国家前途诸问题中宣扬唯物主义。又如 1918 年，守常在《新青年》杂志上发表的《庶民的胜利》《布尔什维主义的胜利》等，认为无产阶级专政是人类的曙光，热情颂扬十月革命，这些名言，脍炙人口，国人皆知。

守常文章很多，达百万言，数量惊人，是系统而又有条理的科学论著。他善于属文，有时你和他坐着谈话，他突然起身在桌上画起来，就是一篇短文。我们很佩服他，我曾问他：“文章怎样才写得好？”他说：“你看我写文章好像轻而易举，其实花费很多劳力。”我曾去过五峰山他的家乡，亲眼见到他搜集的稿件和中外资料盈箱充箧，可说是惊人得很。正因如此，他治学渊源有自，写出文章雄辩动人，具有很大的说服力。

守常的文章，笔议纵横，文如其人，敢于抨击时政，这样不免遭到反对者的非难，一些自命清高的人，也造作流言蜚语对他进行攻击。守常对此泰然自若，他愿以“铁肩担道义”自任，至于攻击他的人，只不过是些依草附木、只求温饱之徒。他常对我们说：“你要写宣扬正义的文章，就要准备挨骂。小写小骂，大写大骂。”他对那帮依草附木、帮闲无行的文人也十分厌恶，从不假以辞色，也少与他们来往。因此，有人认为他“树敌”。他说，革命事业本身，首先就是要辨明大是大非，不能含糊，更不能做个老好人！

但是，对于同志和朋友，他却是光风霁月，十分谦和，宽以待人。先是，蔡孑民于“五四”之后留言出走，其中有“杀君马者道旁儿"的语句。有人认为，蔡言外之意是抱怨同学闯了祸事，也是软弱的表现。守常则说："话虽如此，但蔡先生坚持要求政府释放学生后才出京，这就难能可贵，我们不应苛求别人。"

山河永寿　怀念千秋

1926年9月，上海中央来信给北方区委，说是国民革命军出师北伐，进行颇为顺利，不久即将攻克武汉，急需人开辟工作，准备成立武汉中央分局，要守常和我离开北方，去武汉工作，并要我陪同他一道南行。行期已近，守常临时改变计划，要我先走。我劝他同行，他仍在犹豫，考虑今后北方区工作，迟迟不决。当时去武汉要绕道上海，长江又被帝国主义军舰封锁，只有分段而行，敌人搜查很严，守常一口北方话，极易引人注意，如无南方人同行料理，很容易发生危险。因而，我数次延期等他，直到最后中央再次电催，并嘱我们急速带一批干部南下时，守常决计不离开北方，我只得先行。

行前，我和守常商量，决定清理区委文件，部分转移，免遭不测，时北方在奉张军阀统治下，白色恐怖自"三·一八"惨案后有增无已。于是将其中一部分文件以我作为北大学生的名义，存放北大总务处（我的学名叫罗璈阶，那部分文件一直保存到抗战期间，北京沦陷时期为日本宪兵搜走，解放后北大总务科尚有信给我道及此事的存据)。

对南下干部人选，守常同志从全局出发，决定抽调北方区委大部分中坚力量，支援武汉地区和南方省区。调往武汉和南方的干部有：何孟雄（后任江苏省委委员）、张昆弟（去上海）、吴雨铭（后为中共汉口市委书记）、贺昌（汉口团委书记）、安体诚（黄埔军校组织部长）、史文彬（武汉政府劳工部司长）、鲁佛民（武汉政府商人部长）、王荷波（四大中委）、王仲一、于树德、范鸿劼（1927年回北京被捕遇害）、韩麟符、马尚德、陈毅、高语罕等。不想，这次和守常离别竟成永诀。

守常同志于1926年3月移住东交民巷苏联大使馆兵营以后，日夜工作，接待中外各方人士，废寝忘食，极度操劳，由于百密一疏，为奸人告密。

奉系军阀张作霖无视国际公法，出动一营敌兵强行闯入使馆区苏联领事馆进行搜查。守常本有手枪自卫，但卒未发一弹（此枪系张兆丰同志所赠），一身独担责任，此次北方精锐牺牲浩大，举国震惊。

守常被害的消息传到武汉后，全党哀恸。我正在武汉中央局，惊闻噩耗，北望吞声，热泪夺眶而出，一恸几绝，我党失去长城！个人失去良师益友！

1926年5月，中共中央及湖北省委联合在武昌啸楼巷隆重举行盛大追悼会。同志参加者近万人，申讨奉张军阀，誓不与共戴天。会上矢志出师第二次北伐，中央及湖北省委并特派专人北上，料理丧事，吊死唁生，备极哀荣，被视为"二七"以后中国革命史上特殊重大事件。

守常就义后，武汉革命政府在紫阳湖隆重举行盛大追悼会，以旌其忠义。中共各级组织和群众团体，连日进行追悼会和报告会。普天同悼，薄海同悲，党内党外，无论识与不识，都表示哀恸不置、深切怀念。

中共六大以后，我途经北方返国，经临沙滩红楼、石驸马胡同后闸、"亢慕义斋"旧址，怅触前情，旧游如昨。

曾作诗凭吊，诗云：

其一

交谊兼师友，幽燕共十春。

斗争驰露布，结众能亲仁。

塞外抒筹略，海隅转万钧。

斯人如可赎，民愿百其身。①

其二

沙滩东畔路，稷下忆当年。

短褐来南国，风云会北燕。

百家飞辩论，众士竞先鞭。

---

①　在京时，守常主持蒙古革命委员会；在粤时，为国民党一代会中共党团书记，勋劳卓著。

借问谁为首，乐亭公最贤。①

其三

后闸垂鞭过，黯然心意摧。

音容归浩渺，盛业岂蒿莱。

海上音书阻，关山旧垒灰。

整兵期再战，策马渡辽来。②

其四

兵舍连朝夕，温然叔度情。

联骖临碣石，并辔览长城。

天马行空阔，孤松托死生。

临行遗语在，破壁欲飞鸣。③

其五

竚望红楼馆，中藏百国书。

交游遍域外，讲学隘华居。

号令从兹出，仇雠胆益虚。

---

① 守常常语湖南青年被褐怀玉，富有朝气。

② 后闸为守常故居所在。

③ 作者离北京前，到东交民巷兵营访守常，长谈竟夕，见守常室悬八骏图，作者离京后，守常寄书致词，内有"何日破壁飞去"之语，守常在《新生活》周刊著文笔名孤松。

交民遗恨在，百密一何疏。①

"十年动乱"，守常身后更蒙不白之冤，我于1978年复履北京，生入国门，重游万安公墓，恭谒先生墓道，抚怀今昔，感慨山河，缅怀亢斋旧事，情不自禁，又赋诗二首，以表怀念，诗云：

万安公墓夕阳明，
满目蒿莱碣石横。
雷霆无声天宇净，
山河并寿李先生。

精禽衔石共经天，
风雨同舟济巨川。
道义平生师与友，
人民怀念万千年！

1980年2月立春日于北京

（原载《回忆李大钊》，人民出版社1980年版，原标题为《亢斋回忆录——记和守常同志在一起的日子》）

---

① 东交民巷为守常被逮处。

6. "没有半点教授的样子"

王芳田

　　李大钊先生有个堂兄，叫李祥年，号瑞景。自幼家境贫寒，生活难以维持，21 岁时下关东，来到哈尔滨谋生。他起初在一家客栈当仆役，伺候来往客人。由于为人忠厚朴实，干活殷勤，他很得朋友们的信任。在朋友们的资助下，他在哈尔滨道外八站开了一个"宏昌远"牛店，常与回民和俄国人打交道，生意做得不坏。那时我在哈尔滨道外太古街开了一个"宏昌茂"杂货铺。因为我是乐亭县南瑶各庄人，离大黑坨村只十几里路，故称小同乡，两人谈起来情投意合，就结拜了磕头兄弟，从此常来常往，亲如手足。

　　我幼时读过几年书，也曾在闲暇时候写过一些小稿，但终究学无所成，常悔恨不已。瑞景大哥曾推荐李大钊先生的文章让我学习，我读了大钊写的诗文，深受教益，赞不绝口。有一次，我曾对瑞景大哥说："我们家乡出了这样一个伟人未曾见过一面，实在非常遗憾！"瑞景大哥说："你不要以为他是大学教授，他是咱家的兄弟，我很了解他，待人没架子，有机会，必介绍你们相识。"1924年6月间的一天上午，我在柜房坐着，见瑞景大哥领着一位陌生人进来，忙站起来迎接。我见来人中等个，圆脸盘，白中带红的面色，大眼睛闪闪发光，戴一副无边的眼镜，头戴一顶八角工人帽，穿一身黑灰色的旧西服，一双半旧皮鞋，提一个灰色帆布手提包，还夹着一床里外都是白色的布被子。瑞景大哥低声问我："芳田，后屋有客人吗？"我说："没有。"我接着问："这位是谁？"瑞景大哥摇头一摆手说："到后屋！"我急忙把他们领到我住的房子里——柜房后院西厢房屋里。瑞景大哥这才微笑着对我说："你看这是谁？"我仔细又一端详，还没容我回答，他又紧接着说："这就是你久已渴望相见的人，我的兄弟李……"没等他说出名字来，我就以猜测的口气说："莫非是守常先生?！"他说："对了！这就是我跟你常说的我的兄弟大钊！"我一听，心情十分激动，赶忙向前紧紧抓住他的双手，望着他的脸。李大钊满面笑容，好似多年未见面的老朋友重逢，显得特别亲热，但又很自然，没有一点客情。坐下后，我给他们沏了两碗红茶，泡了几块砂合粒糖。他问我的生意长短，过了一会儿，瑞景大哥对我说："芳田，你们哥俩唠吧！我替他办事去。"我送他出房外，他又低声嘱咐我："要注意保护他，不能对外人暴露他的身份。他去俄国开会，在这里住几天办理手续。你这里比我那儿安全。"我想，这是瑞景大哥的重托，对我这样信赖，我一定照办。

李大钊在我店里住下了，和我睡在一个屋里，吃在一个桌上。他不吸烟，也不喝酒，没有半点教授的样子。他白天出去办事，曾与苏联驻哈尔滨领事会晤。晚上我俩闲谈，由于我的思想觉悟低，到现在大部分都忘记了，在我的记忆里最深刻的也只能回忆出几点。

他谈起当年1月曾到广州参加了国民党第一次代表大会。这次大会是在中国共产党的帮助下召开的，孙中山先生改组了国民党，制定了联俄、联共、扶助农工的"三大政策"，国共合作的革命统一战线正式建立。他还对我讲了很多革命道理，我是个买卖人，对这些革命理论听过以后未加思索，过后也就忘了。李大钊率中共代表团去苏联出席共产国际第五次代表大会，从北京出发来哈尔滨时，曾转道昌黎，住在杨扶清开办的兴中罐头公司。杨是乐亭城西南杨冈子村人，青年时期与周恩来在天津南开中学是同学，他与李大钊、周恩来的关系都很密切，是一位爱国人士，他办的兴中公司的罐头商标就是"赤心牌"。

当时我问李大钊出国的经费足不足，他说："有准备！临来前，从昌黎兴中公司已汇哈尔滨500元银币。"

他还谈到，孙中山委托他去洛阳和吴佩孚谈判。他到洛阳先找到白坚武，白和他在天津北洋法政专门学校是同窗好友，在吴佩孚手下当了参谋长，引他见了吴佩孚。当时吴喝得酒气熏人，态度十分傲慢,自以为武力强大可以统一中国,拒绝接受孙中山的三民主义。不接受三民主义,就谈不下去,所以,谈判没有结果,于是他就从洛阳回到北京。

李大钊在我柜上住了三天三夜便走了。在登程前,我送给他《阅微草堂笔记》及《诗集》各一部。走时,我要送他到车站,他不让我送,避免引人注目,我就没送他。他到满洲里以后,给我写了一封信。大意是不让我挂念,可惜这封信以后丢失了。

大概过了四五个月,李大钊从苏联回国时又路过哈尔滨。与他同时回来的还有袁子贞,袁是天津西霸人,是在欧洲做工的华侨。他们都住在我那里。在谈话中我问李大钊:"你到俄国,不会俄文俄语,一定受憋了?"他说:"初到时有些不便,我抓紧学习,后来就粗通俄文俄语了。"我想他仅仅去了几个月,就能粗通俄文俄语,他是一个多么聪明好学的人呀!我从内心里十分钦佩他。

我问他俄国的情况,他说:"好、好,工农当了家,中国革命非走俄国人的路不可。"关于苏维埃政权的组织机构,他用一张大白纸铺在床上给我画了张图,并详细讲给我听。他还送给我六七枚带有列宁头像和斧头、镰刀的苏联建国银币,还有一个苏联工艺品——木制烟卷盒,作为纪念,可惜这些珍贵的纪念品,以后全都遗失了。

他们又在我那里住了三天三夜。临行前,我问他到哪里去?

他说："回北京。"我一听，就为他的安全担心，急忙劝阻他，为了增强说服力，我从行李底下拿出了日本人在奉天（沈阳）办的《盛京日报》，递给他看。这张报纸我藏了好久，看过不知多少遍。他刚来时，就打算给他看看，仔细一想，觉得这样做不礼貌。而且这样一来，他也会担心我胆怯，怕受连累，住下来心神也不会平静，只好藏起来没让他看。他决定要回北京，这一下我可沉不住气了，赶紧拿出来给他看。他接过报纸，看到上面登载北京反动军阀卫戍司令王怀庆对他的通缉令，他把报纸往床上一扔，冷笑一声说："哼！这算个啥，反动家伙与革命者就是这样势不两立、你死我活的斗争，哪个革命者不被通缉，这些玩意儿没什么了不得。"我说："你暂时不要回去，先躲避一下吧，等风声过后再回去。"他又说："干革命就是要消灭他们，这些豺狼岂肯善罢甘休。不回北京，中国革命怎么能走俄国的道路……"他最终回北京去了。

到了北京以后，他还给我来过一封信，信上还告诉我如给他去信，可寄到北京白眉初教授处，由白教授转给他即可。由于当时的形势很紧张，我没有给他写信，此后，再也没有见到他。

1927 年 4 月底，惊悉李大钊先生被反动军阀杀害的噩耗，我心情异常哀痛，饭吃不下，觉也睡不着，很久不能平静。感到国家失去了一个栋梁，工农失去了一位导师。李大钊为人类的解放事业而英勇地牺牲了，他的革命精神将永远流芳千古！

（原载中共乐亭县委党史资料征集办公室编:《乐亭县革命斗争史料选编》，原标题为《李大钊在哈尔滨》，刘荆山整理）

7."守常北方之强，其诚挚性之感人深也"

章士钊

余之知守常也，初不经介绍，亦不闻有人游扬，余心目中并无此人迹象。1914 年，余创刊《甲寅》于日本东京，图以文字与天下贤豪相接，从邮件中突接论文一首，余读之，惊其温文醇懿，神似欧公，察其自署，则赫然李守常也。余既不识其人，朋友中亦无知者，不获已，巽言复之，请其来见。翌日，守常果至，于是在小石川林町一斗室中，吾二人交谊，以士相见之礼意而开始，以迄守常见危致命于北京，亘十有四年，从无间断。两人政见，初若相合，卒乃相去弥远，而从不以公害私，始终情同昆季，递晚尤笃。盖守常乃一刚毅木讷人也，其生平才不如识，识不如德。在东京，余曾戏问焉，曰："守常者为君名乎字乎?"曰："字耳。""然则文稿中君何不署名?"君怃然为问曰："投文于

147

《甲寅》，吾何敢与先生同名?!"吾因知守常之本名为大钊，执手绳其过迂，一笑而罢。

1917年，吾发行《甲寅》日刊于北京，约守常共事，守常在日刊所写文章较吾为多，排日到馆办事亦较吾为勤。但此刊意在纠正当时政治偏向，与所持学理及所奉主义无涉。未几，彼此都觉厌倦，因将日刊停止。翌年即1918年，吾入北京大学讲逻辑，以教授兼图书馆主任。其所以兼图书馆主任者，无非为著述参考之便，而以吾萦心于政治之故，虽拥有此好环境，实未能充分利用；以谓约守常来，当远较吾为优，于是有请守常代替吾职之动议。时校长为蔡孑民，学长陈独秀，两君皆推重守常，当然一说即行。又守常先充图书馆主任，而后为教授，还有一段可笑之回忆。盖守常虽学问优长，其时实至而声不至，北大同僚皆擅有欧美大学之镀金品质，独守常无有，浅薄者流，致不免以樊哙视守常。时北京民主运动正在萌芽，守常志在得北大一席，以便发踪指示，初于位分之高低，同事不合理之情绪，了不厝意。由今观之，守常一入北大，比于临淮治军，旌旗变色，自后凡全国趋向民主之一举一动，从"五四"说起，几无不唯守常之马首是瞻，何也? 守常北方之强，其诚挚性之感人深也。

1919年，吾以广东护法而南下，故五四运动时，吾乃不在北京，其后余留滞于南者达四五年，行事因不与守常相接。迄广东失败，吾游欧洲一番，折回北京，则1922年与1923年之交，守常已赫然一变而为共产党人矣。守常则时以共产主义向吾启示，并约吾共同奋斗，然吾之赋性，最为守常所了解，相视而莫逆者，则吾实乃一个性特重，不适宜于群众运动之人也。当年孙黄在东京创造同盟会，吾与情好极笃，而未尝参与此事，守常彻底知之。越飞来京，守常约吾在东交民巷见面，所谈俱极融洽，当时吾并不觉身非共产党人，发言宜多所避忌。越二年为1925年，吾以反对曹锟贿选，参加段执政内阁，守常似不谓然，而亦未显加阻止。所可怪者，时守常与吾见面殊罕，而其与吾家属之关系反日密，吾方寓东城魏家胡同，守常每星期辄二三至。吾之三子，皆拜在守常门下，受政治课；守常之大女儿星华，亦依吾妻吴弱男为义女；守常夫人及他儿女均不断来魏家胡同，饮食谈笑，直不啻一家骨肉然也。余妻曾述守常语见告："行严沉溺太深，吾不能教，独吾何能卸却保护其家属之责任？"他友告余，亦亲闻守常吐露斯言。伤哉守常！我老而无似，诚愧对此宅心长厚之良友已！

当张作霖为大元帅时，受帝国主义之唆使，蓄意搜俄使馆，对守常不利。杨皙子先从汪伯唐所得此讯，急走告吾，吾谓吾妻："窃恐守常不肯趋避。"已而果然。盖共产党之萃集俄使馆者，约百三十余人，守常闻讯，遣去百许，独二十余人坚守不动。或曰："欲走而未及走也。"然噩耗酝酿，亘四五日，欲走则径走耳，无来不及理，守常及同辈二十余人执意成仁，于斯益可信。此时吾曾为守常事晤杨邻葛，反复讨议甚久，以邻葛之悍，亦为之浩叹不置，并恨其无法相救，其时帝国主义之惨毒，盖可知也！次

149

溪谓守常身后，凡营葬，募捐诸事，余妻曾为出力，亦不过是寻常风义，然次溪视寒家与守常之交谊，岂寻常风义所可限哉！余妻现不在北京；吾次儿章用精通哲理，为守常所笃爱，惜抗战时期，在浙江大学积劳化去；昨星华携其婿贾芝来谒，互谈身世，相与慨叹，守常之同舍先生王成伯亦来谈，吾今为本溪作序，因不忍再加观会，挪笔无然！

章士钊 1951 年 8 月在北京

（本文是章士钊先生为张次溪著《李大钊先生传》写的序，原标题为《我与守常》，收入本书时有删节）

8. "我十分惭愧没有能像守常那样"

梁漱溟

革命先烈李大钊先生是我的故交，是至熟之友，通常都称呼他"守常"——这是他习惯用的别号和笔名。在 1919 年以前和其后那些年，我每次到北京大学讲课，在上课之前和下课之后，必定去他图书馆主任办公室盘桓 10 分钟至 20 分钟。因为彼此很熟，他忙他的事，我进门或离去，均不打招呼。他主编的《每周评论》，我顺手取阅。他有时主动地要我看什么书刊，便顺手递给我，亦不加说明。我接过翻阅后，往往亦无表示。遇有重要书刊，我就声明带回家去看，下次来时交还。总之，彼此十分随便，没有什么客气俗套。

但我们相识稍先于北京大学同事之时，彼时（1916 年）他在北京《晨钟报》（后改名《晨报》）任职。曾记得一次他宴客于南城瑞记饭庄，我和陈仲甫（独秀）在座上初次相遇。陈当时

151

是为东亚图书馆募股来京的。恰值蔡元培先生方接任北大校长，蔡、陈早相熟，立即邀陈入北大担任文科学长。同时，我亦受印度哲学讲席之聘，而守常则是以章行严（士钊）先生之荐接任图书馆主任，此职原由章任之，章离京南去。于是，我们便同聚于北大了。

1921年冬月，我走访守常于其家，告诉他我即将结婚。他笑着说，这在他已是过去20年前的事了。因而自述生在父死之后，而母亲又在生他之后不久亦死去，所以他竟没有见到父母的面，全靠祖父母抚养长大。《光明日报》1979年10月31日《纪念李大钊》一文，说他2岁丧父，3岁丧母，全不对。另见人民出版社出的《李大钊传》一书（朱乔森著），说他尚未生而父先死，他生后16个月母亦故去，与我所闻于守常自述者尚差不远。祖父母自顾年老，便为他早早成婚。婚后不太久，祖父母就故去，只余他和他的赵氏夫人。赵年长于他好几岁——似是他十一二岁，而赵十八九岁。赵夫人甚贤惠，自愿守在家园而促他去永平府中学求学。中学卒业后，他进入天津北洋法政专门学校，后又去日本留学。这些是后话，非当时所谈及。

众所周知，中国共产党创始人中为首的是陈独秀、李大钊两先生，一时曾有“南陈北李”之称。我记得1927年春，有一天去东交民巷旧俄国使馆内访看守常，只见来人满屋，大都是青年求见者。守常接待忙碌，我不便打扰他，随即退出。不多日后就闻知他全家被捕的消息，原来他家大小同住一起，还有些同志亦同住，因而被拘捕时一同遭难者颇有多人，但亦有恰好出门而幸免于难者。当时正是张作霖自称大元帅驻军和执政于北京之时。我闻讯从西郊赶入城内访章行严先生，愿与章老一同出面将守常家眷保释出来，俾守常少牵挂之念。惜章老不同意，自称与张的亲信参谋长杨宇霆相熟，他将去见杨，可保守常亦不死。其结果，直至守常死时，不知道他的家属儿女有没有受到连累；熟友如我未得尽小小之力，抱憾于衷。

当我闻悉守常被害，立即从西郊赶入城内，一面看望其家属情况，一面看视他装殓的情况。他家属已回到西城朝阳里旧居。我望见守常夫人卧床哀泣不起。我随即留下 10 元钱，退出来，改往下斜街长椿寺——据闻守常遗体停枢在此。我到达寺门时，门外一警察对我说："你们亲友到来，我有交代，我就走了。"我点首应承，随即入内巡视。只见棺材菲薄不堪，即从寺内通电话于章宅吴弱男夫人。盖我夙知守常曾为其子女章可、章用、章因的家庭教师，宾主甚相得。弱男夫人来到时，各方面人士亦陆续而来，共议改行装殓之事。

我出寺门，路遇陈博生走来。他是福建人，与守常同主《晨钟报》笔政。其他的人今不尽记忆。

守常当年的熟友，眼前现有张申府（崧年）、于树德（永滋）和我几个人。张、于两位原与守常同为中国共产党人，但有始无终。我则根本是个党外人。今天回首思索起来，奇妙的是守常他们各位朋友全不曾介绍我入党——连半点意向亦不见。于此，显然我这个人条件不合。守常为中国共产党发起人和领袖之一，终且为党捐躯，而我则根本不在党。那么尽管友好相熟，究不便冒昧地自居于交谊深挚之列了。此点应当先自己坦白的。

提起正当五四运动时代的那些社会活动、政治活动，我十分惭愧没有能像守常那样勇往地和诸同学们在一起，甚且可以说，他是居于领导而我则追随亦不力。因此，许多事就记忆不清，现在亦就说不清楚了。再则，事情过去且将60年之久，而今脑力衰颓的我，就只能点点滴滴列举其目如次：

（一）少年中国学会组织的发起成立，守常实为骨干。此会在当年十分重要，会员包含了南北许多青年有志之士，其后中国共产党和国家主义派（中国青年党）有些人就是从此会分裂出来的。倾"左"的有邓中夏、恽代英、黄日葵等人；倾右的有曾琦、左舜生、李璜、余家菊等人。他们在中国近代史上各自表现不同，而却是具有一定分量的，虽然分量大小轻重不同。

我仿佛未曾参加此会为一成员，却曾应邀为此会的田汉和曾琦两成员之间在宗教问题上的争论作过一长篇讲演（讲词大意可见旧著《东西文化及其哲学》一书）。

（二）当年守常先生的活动繁忙，有些群众大会开在前门大街，我亦曾去过。有一次在总统府门外的集会，我没有参加。类乎此者，现在记忆不清。

（三）记得守常和我两人曾致力于裁兵运动倡导。当时蒋百里（方震）先生且曾写出裁兵计划一书问世。可厌的南北军阀混战既多年不休，在洛阳的吴佩孚颇有势力，恰好守常的同学白坚武正在吴的幕府。守常因白的殷勤介绍，走访洛阳，似乎不止一次。访吴谈一谈是次要的，根本要造成舆论，发动广大社会力量才行。我们曾想联络上海、天津的工商界人士，而就近入手则在眼前的知识阶层。正在要邀请北京八校同人聚谈，不料被胡适、陶孟和等几位抢先召集，且又转变出"好人政府主义"一场戏来。随后果然出现以王宠惠、罗文干为首的政府。我们二人只有苦笑！王、罗二位即是参加了胡适那次集会者。

（四）1919 年秋末，北京女子高等师范学校因学生李超自杀身死开追悼会，守常和我亦偕往参加。在蔡元培、陈独秀、蒋梦麟各位讲话后，守常和我亦各有发言。后来我的发言录在《东西文化及其哲学》第五章内。

（五）我与守常既然相熟，有时便一同游息。今承中国革命博物馆出示一张有守常、张申府、雷国能和我 4 人在中央公园照的相片，推计其时间当距今 50 年以上。50 多年来，既有日寇入侵，世局动乱剧烈，此照片我手无存，展视之余，不胜追怀感叹之情。

1979 年 12 月 9 日

（原载李渊廷著：《梁漱溟年谱》，商务印书馆 2018 年版，
原标题为《回忆李大钊先生》）

9. "拿不到大学毕业文凭也毫不惋惜"

高一涵

我和守常认识是在日本东京留学时期。因袁世凯背叛民国称帝，引起全国人民反对。那时东京留学生反对袁世凯的斗争，可分为两个阶段："二十一条"签订以前，反对是秘密进行的，守常组织神州学会，秘密进行反袁活动，这个学会我参加过；"二十一条"签订后，人心愤怒，我们留日学生组织起留日学生总会，公开反对袁世凯。留日学生总会办了一个机关刊物《民彝》，守常任主编。我们在上面都发表过文章。

中国受帝国主义的侵略日甚一日，外患叠起，而内政又日趋腐败，爱国志士义愤填膺。守常为了拯救国家，毅然决然丢下学业，甚至拿不到大学毕业文凭也毫不惋惜，不等学期终了，就在1916年上半年返回祖国，做社会革命运动。

守常回国后，汤化龙请他主编《晨钟报》，这个报纸后来改名《晨报》。1916年7月，我也回国。守常约我同编《晨钟报》。汤化龙是研究系，当然与我们合不拢，不到两个月，我们就辞职不干了。

北洋政府内政部长孙洪伊在那时可算是一位激进的民主派，他认识守常。1917年，孙找人起草地方自治法规，把守常和我找去，我们负责起草工作，经过3个月草成。我们主张分权，旧派则站在集权方面，这个草案终于被北洋政府否决。

那时，章士钊在北京创办《甲寅日刊》，约我们替他写社论。今天由守常写，明天由我写，后天由守常写，再后天由我写，如此轮流，每人隔一天给《甲寅日刊》写一篇论文。我们在文章中攻击研究系，攻击现政府，而章士钊是维护他们的，他不赞成我们的主张。守常又只顾真理，不顾什么情面，不合心意的，他就要痛骂。章士钊不敢去和守常交涉，便托我去和他商量。这怎么行呢？一个人的主张是不能够随便更改的。后来，彼此谈妥：不谈内政，只写国外新闻。那时，十月革命已经胜利。于是，守常便连续介绍俄国革命。我们把各报上主张较新的消息综合起来，介绍给国人。后来又遭到章士钊的反对。到张勋复辟时，我们便登报申明，脱离了《甲寅日刊》。

1918年是守常转变成马克思主义者的关键。早在东京留学时，他就接触到马克思的学说了。那时，日本东京帝国大学的经济学教授河上肇博士已将马克思的《资本论》译成日文，河上肇博士本人也有介绍马克思学说的著作。守常接触马克思主义，就是通过河上肇博士的著作。1917年，十月革命的消息不断传来，守常又认识了俄国的外交人员。同时，布哈林的著作《共产主义ABC》的英文译本也有了。这种种因素，加深了守常对马克思主义和十月革命的认识。就在这年11月，他第一个撰文颂扬布尔什维克的胜利，那已是明确站在马克思主义的立场上了。

"五四"前不到半年，守常在北京大学组织了一个研究马克思主义的学会。我们不是用马克思，而是用马尔克斯这个名字，为的是要欺骗警察。他们回去报告，上司一听研究马尔萨斯（与马尔克斯相混），认为这是研究人口论的，也就不来干涉了。这个学会先是公开的，后来就秘密起来。它的对内活动是研究马克思学说，对外则是举办一些讲演会。

1918年11月，第一次世界大战结束，蔡元培先生为庆祝"公理战胜"，组织演讲会，在中央公园（现在的中山公园）里面讲，在天安门内搭台讲演，一连讲了3天。首先上台讲演的是蔡先生，接着，守常和我也上了台去。我记得，那是初次上台讲演，两腿直打战，还是硬坚持讲完。

1918年底，我们办了一个《每周评论》，经常是我们几个人写稿。"五四"游行，守常和学生一道参加。

有一次，为了救援被捕学生，大家集队往政府请愿。队伍走到政府门前，只见铁门紧闭，门内架着机关枪。守常愤怒异常，一个人跑出队伍冲将上去，大家赶忙上前把他拖住。真是又英勇、又危险。"五四"前，大家都对现政府不满，彼此的区别不明显。"五四"后，出现了明显的分化现象，胡适派后退了。青年学生中，落后的加入国家主义派，中间的加入国民党，最先进的加入共产党。

1919 年 6 月，我们散发《北京市民宣言》的传单，主张推翻段祺瑞政府，并宣布京师卫戍司令段芝贵死刑。守常与陈独秀都去散发。当场，陈独秀被捕，3 个月左右，释出，仍受监视。守常设法送他逃走。他们扮作商人，带账簿，套一辆骡车，守常坐在外面，陈独秀坐在里面，悄悄地把陈独秀送到天津，乘船回到上海。

守常从五四运动以后，经常领导青年学生和工人们进行革命活动，遭受北洋政府的注意，在他的住宅门外设下一个警察岗位。从此我们交谈都是在北大学校里。

1924 年后，守常负责领导华北革命的实际行动，为避免反动军阀迫害，转入地下工作，我们会面的时机就少了。1926 年冬，北伐军到达武汉，守常劝我往武汉参加革命工作，我在武汉中山大学任教。到了 1927 年 4 月底，听到守常光荣牺牲的消息，不胜悲愤，自此与守常永别了！守常虽然死了，但守常的革命精神永远活在广大人民的心中！

（摘自中共中央马克思恩格斯列宁斯大林著作编译局研究室：《高一涵先生谈李大钊同志的历史》（手稿本），原标题为《回忆五四时期的李大钊同志》）

10."这个国家还是由我们来改造它吧"

张申府

李大钊同志，号守常。因他长我 4 岁，我一向以兄视之。他应说是现代中国的一个完人。不论他的思想、他的行动、他的为人、他的待友处家，都是无可异议的。他的思想的前进，他的行动的积极，他的为人的纯洁，他的对人的温厚，他的道德的高尚，他的革命情绪的热烈，所有这些兼而有之，真可说是一时无两。

综守常同志的一生，就他的处人处事来说，很可以称他为温文君子。但他却又是正气凛然，全不苟且的。他是一代论士，他的能文，本早有名。但他同时又是最先进的思想家，最先进的革命家。而他就是因为这个死了的。

守常同志本是中国共产党最早的党员中之一人，但他其实早参加过辛亥革命了。在共产党中他是北方负责人,一时曾有"南陈北李"之说。从1924年初起,中国共产党曾一度与孙中山的中国国民党合作。守常同志在北方所主持的,不但有共产党的党务,也有国民党的工作。他实是以一身而负一时北方全部革命事业之重者。而他就是因为这个而被张作霖绞死了的。

据我所知,就是国民党的同志,对于守常同志也都是很敬重的。我也曾想过,假使守常同志不死的话,以后中国革命的进程上也许会能少些挫折。固然社会历史上的大事变常有无可如何的背景原因,可是一个非常的人物,又常会有转变局面的力量。守常同志就是有这种力量者。

我认识守常同志,还是在1916年。他到北京不久,我有一位同学郭小峰,他与守常同志是同乡,他们同是京东乐亭人,经郭小峰的介绍,我与他相识了。当时,守常同志刚从日本留学回来,在北京创办《晨钟报》(即后来《晨报》之前身)。继后,他又主编《甲寅日刊》,1917年,我曾在这个刊物上署名发表过讲青年问题的文章。此时,守常同志曾以"亚细亚学会"名义组织过一次讲演会,我也去听讲过,地点在当时有名的湖南会馆,邀请的讲演者有蔡孑民(元培)、陈仲甫(独秀)、章行严(士钊)、李石曾、张继等人。他们讲演的内容我已记不得了,只是蔡先生的演讲情况还有些印象,当时他讲得最生动,口齿最清楚,博得了听众的好评。其他人的演讲就较一般了,所以一点印象都没有了。这次讲演会的规模是很大的,听众很多,整个湖南会馆都挤满了。记得就是在这次讲演会后过了一个时期不久，守常同志就到北京大学代章行严先生担任图书馆主任，时间大概在 1917 年冬或 1918 年春，我已不很记得。

北京大学图书馆，原叫北大藏书楼，设在马神庙最后院有名的四公主梳妆楼。开始对外并不开放，本校学生也只有少数几个人与管理人员相熟悉，才能进去看书。自从蔡元培任校长后，将藏书楼改为图书馆。守常同志到任后，他的主任办公室先设在楼前院内三间东厢房里。他对图书馆的业务工作进行了一些重大的调整和改革，并开始注意收集有关马克思学说的书籍以及俄国十月革命以来的著作。这时，我在北京大学已经毕业，以助教名义留校教预科。我在学生时期已很爱好读书，与图书馆很熟悉，并知道一些管理图书馆的技术。这时教课，功课并不多，便在图书馆帮助守常同志做些有关图书的工作。我的工作室标为登录室，就在主任室的旁边，因此，我得时与守常同志聚谈。每年北大放暑假，守常同志照例要回家乡到五峰山休假，我曾两次代理他在图书馆的职务。1918 年夏，马神庙靠近沙滩的所谓沙滩大楼（一时也因其颜色称为红楼，亦即那时的北大一院）盖成，作为北大新兴力量的中心。图书馆也搬进了大楼，占了整个第一层楼，主任室设在东南角上的两大间。从此，那两间房子也就一时成了新思想运动的中心、大本营。先进的教员经常在那儿见面，一些进步学生有什么行动也常跑到那儿去讲说，有时晚上甚至借那儿去开会。

　　谈到"五四"，谈到中国的革命，是绝不可以忘掉那个地方的。大家都知道，"五四"以前，指导新思想运动的刊物，除《新青年》以外，就是《每周评论》。这个刊物是在 1918 年冬创办的。一次，陈独秀来到李守常同志的办公室，当时我也适在那儿。我们三人谈起当前政治斗争的形势，须出一个刊物，与《新青年》配合，互相补充，密切适应政治斗争进行宣传鼓动，最后便商定再办一个周刊，即《每周评论》。初办时，集稿、校印等具体工作，完全是由守常和我负实际责任。我还记得，创刊第一期出版的前夜，他同我曾亲自到印刷所里去校对。等校对完了，看了大样，改好印成，那时已到凌晨 4 点钟。我俩各拿着一张首先印出的《每周评论》创刊号，出印刷所进宣武门徒步回家，一路上真是说不出来的高兴！虽然那时正值冬天，但我们都忘记了寒冷。又有一次，即是在印第 4 期的时候，不知怎的，本来是印 5 号字的，印刷所擅自排了 4 号字。等我们去校对时发现了，对此，守常同志曾大闹一阵。此虽小事，也可看出他的认真不苟来。

　　在一般人的心目中，也许会觉着一个先进的革命家总是紧张严峻、斤斤躁急的。但守常同志则一方面在行动上可以说是紧张严肃的，另一方面在风度心情上又可以说是超脱潇洒的。守常同志在《新青年》杂志上发表的名文中，有一篇是在俄国十月革命后写的《布尔什维主义的胜利》，可以看出他的思想的先进、及时；还有一篇是《今》，又可以看出他的思想的超拔而切实。还有他在主编《甲寅日刊》时的一些社论里,告人春日作郊游,教人接近大自然,也使人感出他的与众不同的潇洒飘逸、悠闲自在、诗人般的风趣来。他也偶然写些小诗,也别有意境,不同凡响。中国古军人常以"好整以暇"相尚。守常同志这个革命战士,就大有"好整以暇"的气概。

守常同志在赴日留学之前,曾在天津北洋法政专门学校学习。他很有文采,主编过《言治》月刊,发表过不少诗词和文章,在天津教育界、学术界颇有名气。我记得他在五四运动那年,应天津觉悟社的邀请,曾到天津讲演,并与觉悟社的青年们进行座谈。在讲演和座谈中,提到了北京学术界思想进步情况,有哪些思想进步分子等。后来有几次听天津的好友向我谈及此事,说守常同志在讲演时曾怎样提到过我。因此,南开中学等方面有些人对我有所了解。

1920年8月,天津觉悟社为了联合进步团体,采取共同行动,挽救中国的危亡,改造旧的中国,全体社员来到北京请李守常同志指导和帮助。守常同志对觉悟社的主张深表赞成,建议他们邀请北京各进步团体参加,开座谈会,共同商讨。

1920年8月16日上午,觉悟社在北京宣武门外当时称为南下洼子的陶然亭举行茶话会,北京的少年中国学会、曙光社、人道社、青年工读互助团都派了代表参加。李守常、陈愚生和我是少年中国学会的代表,到会者共20多人,其中有觉悟社的社员11人,其他社团的代表十几人。

座谈会由刘清扬同志任主席，她报告了开会宗旨，继由邓文淑（颖超）同志报告觉悟社组织经过和一年多来的活动，周恩来同志说明觉悟社提出联合进步团体、共谋社会改造的意义。我也在会上发表意见，极力赞成"联合改造"。守常同志在讲话中提出，各团体有标明主义的必要，认为近年以来，世界思潮已有显然的倾向，一个进步团体如不标明主义，对内既不足以齐一全体的心志，对外就更不能与他人有联合的行动。守常同志所论极为深刻、透彻，大家都感到很受启发、鼓舞。会上当即决定，由到会各团体各推 3 名代表，继续开会讨论联络办法。

接着在 1920 年 8 月 18 日，各团体的代表在北京大学图书馆开会，议决定名为"改造联合"，并公推我起草"宣言"和"约章"。根据会议的决定和大家提出的意见，我草拟了《改造联合宣言》和《改造联合约章》。这两个文件经过各团体讨论后，得到正式通过，后来曾发表在《少年中国》杂志的第 2 卷第 5 期上。

1923 年底，我从德国经莫斯科回到中国。那时，我一入国境，就看到我国的人民大众穷苦不堪，军阀统治腐败无能，实在使我内心万分悲愤。回到北京后，我见到守常同志时，感慨不已，曾愤愤地对他说："像我们这样一个国家，上上下下，国没能治，民不能生，长此这样如不改好，我就只有去入外国籍。"当时守常同志听了我发表的议论，又见我那个气愤的样子，就沉着冷静地对我说："这个国家还是由我们来改造它吧！"话虽不多，但他那坚定、有力的声音，充分表达了对革命事业的责任感。从那次谈话以后，我更感到守常同志为着救国救民，真正表现了"铁肩担道义"的伟大革命精神。

1980 年 2 月 24 日，时年 87 岁

（原载《回忆李大钊》，人民出版社 1980 年版，原标题为《忆守常》）

11."他站在绞架下面，年纪还不到四十"

萧 三

　　1918 年，新民学会成立后不久，湖南掀起了留法勤工俭学的热潮。这年 6 月，蔡和森同志受学会的委托，先去北京联系赴法勤工俭学的准备工作。随后，毛泽东同志率领我们二十几个人到了北京，除毛泽东同志经杨昌济教授介绍去北京大学图书馆做助理员工作，罗章龙同志进入北京大学学习外，我们分别在北京、保定、蠡县布里村的留法预备班学习。

　　那时，李大钊同志是北京大学图书馆主任，优秀的进步学者。他在担任图书馆主任的时候，十分重视改进图书工作，搜集了许多介绍马克思主义学说的书籍，使图书馆成为宣传新文化、新思想的阵地。青年们经常到图书馆向他请教，他总是热心指导，介绍马克思主义学说的书籍给他们看，并且告诉他们阅读的方法。我们来北京以后就认识了他，对他非常敬仰。这年11月，李大钊同志在《新青年》第5卷第5号上，发表了《庶民的胜利》《布尔什维主义的胜利》等重要文章，热烈赞扬俄国十月社会主义革命的伟大胜利，在社会上和学术界有很大的影响，我们也深受教益和启发。

1920年5月，我和陈绍休、熊光楚等由上海动身去法国。1923年，我又从法国去了苏联，在莫斯科东方大学学习。1924年，李大钊同志率领中国共产党代表团到苏联参加共产国际第五次代表大会。他住在莫斯科一个旅馆里，我们在东方大学学习的同志都到他那里去看望他，赵世炎同志还参加了代表团的工作。这年，我回国，在长沙担任社会主义青年团湘区委员会书记。

1925年五卅运动后，组织上决定调我到北方工作。当时，北方党组织的领导人是李大钊同志，我到北京后就去找他。李大钊同志热情地接待了我，他分配我的第一个任务，就是到张家口去开展工作。他对我说，张家口地区的工作很需要人，要我到那里去建立党的地委。

我接受任务后不久，就到张家口去了。在我去以前，那里的工作已有所开展，有些职工运动，主要是在京绥铁路工人里搞的，是由王仲一、江浩两位同志在那里负责。王仲一同志是本地人，江浩同志原是直隶省议员，一位老资格的人，与国民党也有关系。我到张家口以后便建立了地委，由我任书记，王仲一同志任组织委员，江浩同志任宣传委员。

那时，冯玉祥是西北边防督办，部队驻扎在张家口、包头一带。我们去张家口，是通过李大钊同志的关系，他对冯玉祥做了不少工作，冯才同意我们到那里去建立国民党。所以，我去张家口名义上是建立国民党，但实际上是建立共产党的地委。

有一次，在地委几个同志的一次谈话会上，有一个工会积极分子在场，王仲一同志跟他熟悉，认为他还是很可靠的，因此，我们就没有避开他。在这次会上，我讲了共产党与国民党的区别，尤其是我们与冯督办的区别，都讲了一下。我很不小心地讲了冯督办每月给工会积极分子发 20 块钱，这是收买工人阶级的一种手段，不是他真心同情工人运动，这个阶级的道理我们应该知道。谁知这一番话被那个"积极分子"给告密了，向冯玉祥的秘书处写了匿名信。冯玉祥的秘书长丁春膏找我到他那里去，还有几个人也在那里，他问我为什么要反对冯督办，我说，我没有反对他呀。他马上把那封匿名信拿出来给我看，我没话好说了。他向我提出警告，要我立刻离开张家口，否则不能保证我的生命安全。过了两三天，我就回北京了，向李大钊同志汇报了这件事情的经过。他听了以后对我说，我们正是在做冯玉祥工作的时候，现在不要去硬碰他。于是叫我暂时留在北京。

这年秋天，党中央在北京召开中央委员会，陈独秀、瞿秋白等都来北京参加会议。这次会议决定，由李大钊同志任北方区党委书记，陈乔年同志任组织部长，赵世炎同志任宣传部长，还有陈为人、于树德等同志，我任北方区团委书记。

在确定我担任北方区团委书记之前，中央和李大钊同志找我谈过话，征求我的意见。当时组织上曾经考虑，一是让我去河南任省委宣传部长，二是留我在北京任北方区团委书记。李大钊同志主张我留在北京工作比较好，中央也同意，李大钊同志说，北方的团员中大学生多，需要有一位能够镇得住、有些威望的同志做团的工作。

我在北京工作期间，和李大钊同志接触的机会很多。北方区党委的会议，差不多我都参加了。那时的会很多，几乎每周都有一次，开会的地点大多是在他家里或他办公的地方。每次开会时都很随便，不拘什么形式，人一到齐就开会，每次会上他总是要作一个报告。李大钊同志谦虚好学，学识渊博，他很注意搞统战工作，与各方面的人物都有接触，所以对北洋军阀政府的内幕了解得十分清楚。他作的报告非常生动，分析情况透彻，我们听了都觉得很受教益和启发。

在这期间，我还经常外出，到各地去了解情况，检查和布置工作。每次临走之前向李大钊同志请示，他总是对我说，你出去工作，既代表团组织，也代表党组织，北方区委就不再另派人去了。有一次，我代表北方区团委去上海参加团中央的会议，同时他也让我代表北方区党委参加党中央的会议，不再另派人去。北方地区在李大钊同志的领导下，工农群众运动蓬勃发展起来，接连进行了反对北洋军阀政府和帝国主义的大规模示威游行。1926年3月发生的"三·一八"惨案，李大钊同志亲自参加了，北方区委只有范鸿劼同志没去，其他的人全去了。陈毅同志那时负责协助李大钊同志搞统一战线工作，他对我们这里的左派国民党的工作做得很透。这个运动公开负责的是徐谦，他不肯出头；陈毅同志看到广东青年军人代表团的王一飞同志，就请他出来担任主席，他就出来了，指挥着队伍前进，到铁狮子胡同段祺瑞执政府去请愿。由于段祺瑞早就作了准备，反动军警封闭了广场上的两个出口，对请愿群众实行了血腥大屠杀，造成死47人、伤200多人的流血大惨案。当时我们都为李大钊同志的安全担心。在反动军阀的统治下，像李大钊这样身负领导重任的同志，我们不应该让他到群众集会的场合去。

后来，我被调到上海，担任团中央的领导工作，和李大钊同志见面的机会少了。1927年4月，李大钊同志被奉系军阀张作霖逮捕，并遭到残酷杀害。在纪念他殉难30周年时，我曾写过一首诗。现录如下，表达我对他永久的怀念。

他

他是你的最亲切的朋友
他是你的最忠实的同志
他是青年学子最敬爱的教授
他是人民大众最英勇的战士
他的态度温文儒雅
他的内心如火如荼

他的文章玉振金锵

他的真理透明朴素

他"冲决过去历史之网罗"

他"破坏陈腐学说之图圈"①

他站在五四时代的前面大声疾呼

他的柔和而坚定的声音不同凡响

他为"波尔塞维主义"和"庶民的胜利"欢呼②

他是最初听到了十月革命的那一声炮响

他的足迹走遍了北京广州上海莫斯科和东京

他的双手推动了知识分子工人农民和士兵

他的心只知人民全体，不知有自己个人③

他的生命就为全体人民而壮烈牺牲

他站在绞架下面，年纪还不到四十

他的威严的目光使得一群宵小愧死

他再一次宣告：

"将来的环球，必是赤旗的世界！"④

他的最后的呼声鼓舞着国际工人阶级

他的同难者谭祖尧、范鸿劼等十九个烈士

---

① 李大钊论文《青春》中语。
② 李大钊最初介绍十月革命论文的题目及文中语。
③ 李大钊在论文《唯物史观在现代历史学上的价值》中说："一个个人，除去他与全体人民的关系外，全不重要。"
④ 李大钊最初介绍十月革命论文文中语。

他该称道，一个个都是"青年进锐之子"①

他组织了在中国的最初的几个"五一"

他自己便死在三十年前"五一"的前夕

他的巨大的形象永远活在我们的心底

他经常和我们在一起

庆祝"五一""七一""十一"！

（原载《回忆李大钊》，人民出版社 1980 年版，原标题
为《他永远和我们在一起》）

---

① 李大钊论文《青春》中语。

12."一点知识分子的架子都没有"

吉雅泰

　　1921 年中国共产党成立后，李大钊同志是我们党的坚强而优秀的领导人之一，他主要负责领导中国共产党北方地区的工作。当时，党在领导全国革命斗争的同时，就立即着手开展少数民族地区的革命工作。内蒙古是党首先进行革命工作的少数民族地区，而这个地区人民，在 20 世纪 20 年代初的自发的革命斗争，正是在以李大钊同志为首的中国共产党北方区委的直接指导和关怀下，才逐步走上了正确的道路的。

　　党在内蒙古地区的革命工作首先是从蒙古族的进步青年知识分子开始的。1923 年夏，我们一批有志于民族解放事业的青年，在十月革命炮声的震荡下，在五四运动激流的冲击下，千里迢迢地从内蒙古土默特旗来到了北京。北京当时是各种政治、文化尖锐斗争的中心，它激荡着我们这些年轻人的心。我们进了当时北洋军阀政府开办的蒙藏学校。那时，这个学校在封建军阀王公把持下是十分腐败落后的，提倡尊孔复古的封建思想和我们渴求解放的理想是格格不入的。一时，我们在政治上陷于苦闷和窒息的境地。我们常常聚在一起，谈论着未来的理想，探索着民族解放的正确道路，渴望着找到蒙古族人民解放斗争的正确领导。

正当我们在为自己民族的苦难焦虑的时候，1923年冬天，中国共产党像冬天的太阳一样照到了冰冻的蒙藏学校，党向我们伸出了温暖的手，给我们送来了马克思主义……从此，我们这一批内蒙古的民族青年，就在当时中国共产党北方区委负责人、中国共产党早期的杰出的领导者大钊同志亲自培养和教导下成长起来了，虽然人数很少，但却为党最先开辟内蒙古地区的革命工作贡献出一份力量。

当时，内蒙古地区正处于为帝国主义所支持的各派军阀频繁交替的割据统治之下，帝国主义分子、军阀、官僚、地主、高利贷商人和内蒙古封建王公相互勾结，对蒙汉各族农牧民实行残酷的政治压迫和经济掠夺，阶级矛盾和民族矛盾异常尖锐。在内蒙古广大牧区和农村，正不断爆发蒙汉各族农牧民的反抗斗争。在这样的形势下，党尖锐地认识到要迅速地把内蒙古地区的民族解放运动引导到正确的道路上去，把它推向一个更新的阶段，使它成为党领导下的中国革命不可分割的一部分，没有一批出身于蒙古族的共产主义的干部是不可能的。因此，正是在这样一种要求下，大钊同志和北方区委的其他党的负责同志，如邓中夏、赵世炎等，他们都异常重视和关心蒙藏学校的工作，并用很大的力量来进行这里的工作。他们常常亲自跑来向我们讲解马克思主义的革命道理、分析国内外形势，向我们说明当时国内军阀混战的原因和背景，并指出蒙古族人民要推翻军阀、王公两座大山就要团结各族人民，因为军阀不仅汉族有，蒙古族也有……这些道理现在听起来非常浅显，然而在当时给我们多大的启发和鼓舞呀！

从此，我们这一批蒙古族青年就找到了前进的方向，政治上立即活跃起来了，我们积极地参加在党领导下的各种学生运动和革命活动。在党的教育下，1923—1924 年我们这批蒙古族青年乌兰夫、奎璧、多松年、李裕智等同志和我，光荣地参加了伟大的中国共产党，在中国共产党中有了第一批蒙古族的成员。

在往后的革命活动中，大钊同志给我的印象和教育是极为深刻的。当时，正是大革命风暴即将来临的前夕，他深深理解到迅速培养一批蒙古族干部对开展内蒙古地区的革命活动的巨大意义。因此，他在紧张繁忙的工作中，还以巨大的热情来关心我们这批蒙古族青年的成长，特别是培养我们在政治思想上不断提高和迅速成熟。那时，蒙藏学校的党组织经常举行党的会议，大钊同志和北方区委的其他领导同志们也常常来参加会议，他们常在会上作时事报告，给我印象最深刻的是他去苏联参加第五次共产国际会议后回来的一次报告。那一次是在北京大学三院的礼堂举行的，我们蒙藏学校的几十个党团员都参加了。这一天，大钊同志还是那样简朴地穿着一件灰色粗布棉袍，浓眉浓髭，一头浓密而乌黑的头发，戴一副无边的眼镜，神采奕奕地向我们报告了苏联击败外国武装干涉后进行社会主义建设的情况；当他谈到苏联如何逐步实现民族平等解决民族问题时，特别引起了我们的注意和兴趣，差不多一字一句都紧扣着我们的心弦，我们仿佛看到了自己的未来和希望……这次报告给了我政治思想上很大的帮助和启发。从此，我逐渐懂得民族斗争和阶级斗争的关系；懂得内蒙古民族解放斗争和全国各族人民革命斗争以及全世界无产阶级革命斗争的联系和一致性，并坚信内蒙古民族的真正出路和彻底解放只有依靠中国共产党的领导。

列宁说过："没有革命的理论，就没有革命的运动。"大钊同志不仅以巨大的热情来鼓动我们努力参加当时的政治斗争，同时，也非常注意我们对马克思列宁主义理论的学习，关心我们的业务，他对我们总是那样循循善诱、爱护备至，常常亲切地拍着我们的肩膀说："好好干！"记得，我们当时许多人由于参加紧张而繁忙的政治运动，常常忽视理论书籍和业务课程的钻研，他就曾经不止一次地劝告我们在积极参加政治运动的同时，必须要认真读书学习，并指出精读一些革命理论基本课程，对将来回到内蒙古进行革命工作是有很大好处的。同时还特别地提醒我们，不要受某些人蜕化行为的影响，并且要注意抵制他们的影响，以确保自己队伍的纯洁。大钊同志这种出于高度维护革命利益，迫切希望革命干部迅速成长的心情是完全可以理解的。记得，他在北京大学的一次公开演讲会上，就曾满腔热情地向青年学生说：

177

"倘若各位能于读书之余去研究马克思的学说，使中国将来能产出几位真正能够了解马克思学说的，真正能够在中国放点光彩的，这实在是我最大的希望。"当然，大钊同志这种殷切的期望也同样是寄托在我们这批蒙古族青年身上的。

1923年6月，中国共产党召开了第三次全国代表大会，确定了关于建立民主革命统一战线的政策。在这以后，从我向大钊同志几次有关内蒙古工作的请示接触中，我深深感到大钊同志是党的政策的积极宣传者和执行者，对于贯彻党的革命统一战线政策是不遗余力的。那是1925年初，正是党支持孙中山北上，发起召集国民会议和废除不平等条约的人民革命运动蓬勃发展的时候，当时蒙藏学校的党组织积极发动革命青年支持这个运动，欢迎孙中山北上。党派我回到了内蒙古（绥远）地区，组织了"绥远国民会议促进会"，并随后选派出了奎璧、赵诚、崇德臣和我到京参加全国代表大会。这次会议是大钊同志和孙中山亲自主持以反对军阀段祺瑞的御用的善后会议的。就在会议期间，大钊同志在会外给我们这些共产党员代表对当时党的统一战线政策，作了许多具体而详尽的阐述。他提醒我们注意国民党右派在会上的破坏活动，并反复说明和要求我们在会上要正确贯彻党的第四次全国代表大会，确立"扩大左派、批评中派、反对右派"的方针，要我们在会上坚持党提出的打倒帝国主义、打倒军阀、提倡关税自主等……不久，孙中山逝世后，大钊同志在北方团结国民党左派同违背孙中山遗教的国民党右派——西山会议派作了激烈的斗争，正说明了大钊同志是在自己的行动中正确地贯彻了党的革命统一战线政策的。

还有一次是在 1925 年的秋天，因为请示一些有关成立内蒙古人民革命党的问题，我来到了他的家里。大钊同志的生活是那样的简朴，家中什么陈设也没有，只有简陋的家具，但他的案头却堆满了书简，当他和我谈起当前的许多革命问题时，却是那样滔滔不绝，精辟透彻，他的谈吐举止是那样温文儒雅，而内心又是如火如荼，不断地给人以一种巨大的鼓舞力量。他对当时我们组织内蒙古人民革命党的工作作了许多重要的指示，他决定要我们参加这个组织，要在这个组织内发挥自己的战斗作用，并要我们多做一些实际的群众工作，努力发展和团结一切的进步势力，来反对帝国主义，特别是日本帝国主义；反对北洋军阀的反动统治和民族压迫；废除王公扎萨克的封建特权制度。内蒙古人民革命党是第一次国内革命战争时期，共产党团结内蒙古地区蒙古族各阶层人民共同进行革命斗争的统一战线性质的组织。在那个时候，它曾起了积极的作用，这无疑与大钊同志当时的领导和关怀是分不开的。当请示完毕，我向他告别时，他又那样关心着我的安全，小声地告诉我，门口那个卖铜香炉的人是个特务，出门后要赶紧甩掉这个尾巴。这时，我完全意识到大钊同志当时是在反动的北洋军阀的鹰犬的日日夜夜追捕下，秘密而紧张地工作的。他常常保持着一个党的地下工作者的应有的警惕性，关心着自己，也关心着同志们的生命安全。

1925 年到 1926 年间，以湖南为中心掀起了一个全国性的农民运动，在北方各省，如河北、河南、内蒙古各地都相继开展了农民运动，这时大钊同志立刻觉察到了农民运动的重要性。经过调查，他认为各地掀起的农民武装运动是反帝国主义、反封建军阀的"一个伟大的势力"，认为中国农民"已经在那里觉醒起来"。他指出，一切革命者的任务是必须去组织和教导农民，把农民运动引向正确的道路。因此，大钊同志曾精心研究这个问题，亲自训练干部为各地农民运动输送干部，当时党把蒙藏学校的一批青年派往广州参加毛泽东同志主持的农民运动讲习所学习，这批在毛泽东同志亲自教导下的青年干部回到内蒙古后，对该地农民运动的开展起了重要的推动作用。一时，内蒙古各地农民革命情绪空前高涨，纷纷组织农民协会，对地主豪绅展开了激烈的斗争。

在此同时，中国共产党根据内蒙古地区民族构成的特点，为了广泛地团结蒙汉各族劳动人民作为开展内蒙古地区革命的可靠运动，乃于 1925 年冬在张家口成立了工农兵大同盟。这个同盟是党在内蒙古地区第一个团结和领导蒙汉各族劳动人民共同进行革命斗争的群众性的组织，它成了第一次国内革命战争时期党在内蒙古地区开展革命工作的主要阵地。当时，参加成立大会的代表有 200 多人，他们来自绥远、察哈尔、热河各地，其中包括蒙汉各族的工人、农民、牧民和士兵代表。大会选举李大钊同志为书记。这次大会是大钊同志亲自主持的。那天，他穿着一身破旧的工人制服，一些工人见他穿得那样破烂，都要把自己的衣服换给他，他只是含笑说："还是你们穿吧！还是你们穿吧！"他的态度温和可亲，和群众之间是那样融洽自如，一点知识分子的架子都没有。他在会上的演说曾特别强调蒙汉两族人民联合起来谋求解放的重要意义，并一再指出，蒙古族人民必须和汉族人民团结一起，才能谋求自身的彻底解放。这是大钊同志给我的终生不可磨灭的印象，也是他留给我的最后的印象！

从那时候起，正是在以李大钊同志为首的中共北方区委的精心抚育下，才在蒙藏学校培养了第一批党的内蒙古民族的干部，1925 年到 1926 年间，党把他们分送到毛泽东同志在广州主持的农民运动讲习所黄埔军校以及天津党训班学习，并且还送了一部分到苏联和蒙古人民共和国学习，为后来内蒙古的革命运动撒下了生生不息的种子！

（原载《民族团结》1961 年第 7 期，原标题为《李大钊同志和内蒙古初期的革命活动》）

13. "他是一个言行一致的布尔什维克主义者"

章廷谦

一

李大钊先生在北大任图书馆主任时，我和他不熟。只记得他圆圆的脸，上唇有两抹浓浓的胡子，戴一副金丝眼镜，中等身材，胖胖的；常穿一套草黄色或者藏青色的西装，有时候穿一件草黄色的夹袍。他和人说话时，声调不高，很沉、很慢，还带些乡音，头向前微倾并且侧着。有时我们去听他的演说，觉得有极大的煽动力。一般朋友都曾以他的演说辞来作解释群众心理的实例——他是一个言行一致的布尔什维克主义者，所以能号召，能激励一般群众，他的演说辞也因这样才有力量。

从 1920 年下半年到 1921 年上半年，他在北大讲授唯物史观和现代政治，我是他班上的学生。他讲课时，还是侧着头，站在讲桌后面，两只手支在讲桌上，身子不大移动。

1921 年冬，我调到北大校长室工作，因公因私和他接近的机会较多些。到 1922 年底，他辞去北大图书馆主任职务，也到校长室做秘书。以后他除了教课的时间以外，上午 10 点左右来办公室，有时下午也来。这样我和他接近的机会就比以前更多了。

李先生在办公室里，除处理校务外，也处理一些党务或党内同志之间的关系问题。和他常来往而且也是我所熟识的人，现在还记得的有：范鸿劼、高君宇、刘仁静、黄日葵、何孟雄、缪伯英、毛一鸣……他们都住在北大附近、东斋、西斋、西老胡同、松公府夹道等。当时我晓得他们大都是中国共产党党员。

1920 年李大钊先生在北京女子高等师范兼课，讲授社会学和图书馆学。我爱人也是他班上的学生，不过在那时节我们还没有结婚。后来晓得那里的女学生对李大钊也都很推崇。

因为李先生的举止神情，我和我的一些朋友们都在背后亲切地称他为“老母鸡”（他的神气也实在非常像）。他总带着一群“雏鸡”，或者只要他“咕！咕！”叫两声，就会有一大群“雏鸡”都围集在他身边，领受他的爱抚，领受他的引导，学习生存也学习斗争；尤其在遇到有敌人来时，“老母鸡”必定英勇地支起全身的羽毛，奋不顾身地为那群雏鸡和强有力的敌人去拼命。有一天，我把我们在背后给他的这个"老母鸡"的称号在公事房里向他说了，他笑着说："哪里！哪里！"带着谦逊的神气。

二

1926年的春天，徐谦先生任中俄大学校长，里边有几位熟悉的朋友，要我到那里去任注册部主任。因为我仍在北大任职，只能分出一部分时间来，于每日下午到那边去。在"三一八"那天下午，下着雪，5点多钟天就黑茫茫了，我忙得昏头昏脑，当我快要离开中俄大学从东总布胡同东口回到西直门附近的家里去的时候，传来了噩耗，到铁狮子胡同执政府去请愿的人，死伤了有二三百，其中有北大、中俄大学、女师……的学生和教员。惊骇与愤懑的情绪支配了留校的全体师生，大家忘记了疲劳、吃饭，纷纷自动前往铁狮子胡同去了。快到半夜，才都慢慢回校又聚集起来。我在门口遇见李汉俊，就问他情形。他告诉我李大钊没有死，被压倒在人堆下面马路边的水沟里，两只手的皮全没有了，身上只受了些被殴击与被践踏的轻伤。

当时的中俄大学，被认为是中国共产党在北平的一个重要机关。第二天我去办公的时节，就听说李大钊先生和徐谦先生都避居东交民巷俄国大使馆了。不久，中俄大学校长就由一个国会议员叫郭同的去担任，我也就辞掉了这注册部主任的兼职。从此以后，这两位姓李的，一师一友——大钊和汉俊，我再也见不到他们了！

三

1927 年 4 月底，我从厦门到杭州不久，就得知李大钊先生还有一些我的朋友于 28 日在北平被绞死的消息。果然他们尽了也殉了他们的职责，而我呢，当时就如自己也无端地被人斫了一刀，痛愤得要昏，要狂。

写了几封信给还活在北平的师友们，探询当时及善后的情形，知道于遇难后由吴弱男、陶玄几位李大钊生前的朋友和学生——后来听说有一位叫李实的师大学生，去收尸，装殓。并且说，二十几位先烈中，李大钊第一个上绞台受刑。在死之前，他还和以前在讲堂上似的，从从容容地发表一篇演说，说共产主义在世界上在中国必然会得到胜利和成功。

就在这一年 5 月中，我收到北平的朋友寄来为募集李大钊家属赡养费的捐册。发起募捐就我现在记得的人是：余文灿、白眉初、章士钊、吴弱男、马裕菜、陶玄诸位。这刚刚在国民党清党之后，全国各地已经被杀害的共产党人士很多，用了各种残暴的惨刑，就在杭州市那时也还是杀气腾腾的。我于是只好先向在杭州的北大同人蔡子民、蒋梦麟、马寅初、许昂若几位“党政”首要中去捐募，不成问题，都慷慨认捐了。还记得马寅初在捐册上所写的并不如普通捐册上写的那样：“某某捐××元。”他写的是：“马叙伦敬赙××元。”他那时是浙江省政府委员兼民政厅长。然后，我就坦然地再向张仁杰、邵元冲、蒋伯诚……几位去捐，结果成绩很好，在浙江省政府会计科里算了账领了钱以后，交中国银行汇到北平，汇给捐启中所指定的收款人，另把捐册寄去。等我1931年回到北平，见到李夫人赵纫兰时，无意中谈及这笔捐款，李夫人和其长女星华都茫然不知。

四

1931年的下半年，我又回到北大。李大钊夫人领了4个孩子仍住在北平，生活极苦，孩子们还都小，李大钊也还停灵未葬。北大校长蒋梦麟在当时北大的校务会议上，提出延长李大钊先生给恤期限的议案，通过了。在会议散后，蒋校长和我说，当提出这案来时，有不少人持异议，反对，劝他要照顾到规章。我急忙问道：“那怎么办呢？”“同人中谁要像守常似的为了主义被他们绞死，我们也可以多给一年恤金。”蒋校长说，“我这样回答他们，于是就通过了。”我说：“痛快！”像这么激励的话对一般人来说真也够劲儿的，也亏得我们校长想出这么一句蛮话来。

五

家属的生活费暂时有了着落，朋友们又想到李先生停柩未葬的事。由北大蒋校长和一班朋友们发起，先来募款。募款信的稿子是我写的，里边说到大钊先生的死，只是含糊地用了"横罹惨酷"4个字。别的记不清了。

1933年的初春，在北平西郊香山附近万安公墓的墓地里为李大钊先生寻好了墓穴，同时也征得家属同意，决定在4月下旬安葬，灵柩停在宣外浙寺，发殡的那一天，灵前陈列了不少朋友和共产党方面送来的花圈、挽联。按照普通北平出殡的仪式，用了该用的仪仗，随灵出发。送葬的人很多，一个很长的行列。

路上的行人谁也不知道这棺材里面，躺着的是一个马列主义的信徒和实践者、中国受难大众的领导者、中国共产党领袖之一、几年前被绞死的李大钊先生。行列安然走过我们所要经过的路。然而那时的所谓"地方上"是知道的，因为棺材要经过顺治门抬出西直门，须有执照。果然，送葬的行列到西单辟才胡同附近，他们听见行列中有喊口号的，看见行列中有拿小纸旗的，就来制止,驱逐,殴击,把行列打散了。出殡的时候有人跟在棺材后面喊口号,或者一大队警察来打送葬的人,在一向的北平和北平的市民的眼中是头一次。于是有几个警察还在未散去的我们行列后面跟了一程,名曰"保护"。过了西四牌楼,刚觉得周围安静些,我记得像是走在石老娘胡同东口大街上时,在行列后面,发现有一辆小板车加入了。车上直挺挺地躺着一块刻有不少文字的石碑,新新的,碑额刻有交叉着镰刀和斧头的党徽,鲜红的颜色。大家为之愕然。这又是共产党搞的。"怎么办呢?一波未平一波又起!"我向曾为李大钊先生筹划葬事在行列中执绋的何基鸿先生商量。去问赶车的,他也不知所以然,也找不出一个对方可以接洽的人来。这怎么能在街上通过,又怎么能让拉出西直门城门去!真叫人为难。于是等到了僻静一点的街上,将碑身翻转,又在碑上堆些衣服和别的,到西直门城门口时,车上再坐上人。就如旧戏里伍子胥过昭关似的,居然将这碑混出城外,一路平安地拉到万安公墓。

何基鸿先生和我以及到墓地来的朋友们,大家商量我们该如何处置这一块碑。在墓前竖起来是万不可能的,怕将来会连李大钊先生的坟、骸骨都不保;存在公墓的响堂里,既不知几时才能露面,年长日久要是遗失或者损坏了,也辜负了这次中国共产党对李大钊最大的敬意。我当时觉得:中国共产党对李大钊有那么庄重的表示,送来了那么大一块石碑!但事先我们又谁都不接头,没有准备,大家计议之后,想出对付的方法来了:照六朝墓志的办法，将碑埋在墓内。也恰在李大钊灵柩入穴之后，这块石碑也拉来了。就这样，这块墓碑直伴着李大钊在土里埋没了多年了。

六

在安葬李大钊先生后不到一个月，李夫人病倒了，于1933年5月28日去世。何基鸿先生和我又忙了几天，跑杠房，接洽公墓，决定安葬在万安公墓李大钊先生墓旁，也恰好在墓旁还有一块空地。请刘半农先生写了两块碑。在李夫人的碑文中用"卒"，卒于某年某月；李大钊先生的用"死"字，表示"死于横暴"或"死于非命"的意思。那时我们只有这点胆量，用这么小的细节来显示我们的哀愤。

李大钊先生有子女5人，那时，听说长子在冀东一带做革命工作；一切事都由长女星华出面料理，当时她不到20岁吧，还有两位年幼的小兄弟，我们后来设法送他们入了香山慈幼院。二女好像是进了艺文中学，我记得不太清楚了。

除两次葬事开销以外，捐来的钱还剩余不少，我自觉得这笔钱应该由我来保管——其实所谓由我保管者，只是由我将账目与余款交北大会计科，请将钱存入金城银行生息，即以所得利息供星华姐弟们食用。到1937年10月底，日寇侵入后，北大迁至长沙，我也要离开北平去长沙，就将存款的折子与账册都交给星华了。估计还够他们用些时候的，并且托于永滋夫妇就近照料他们。后来听说于永滋夫妇也离平了。从此以后许多年，关于他们的消息我就不晓得了，我曾常为他们祝福。

（原载尤廉选编：《怀人百感》，海峡文艺出版社1993年版，原标题为《关于李大钊先生》）

14. "我们要奋勇上前，继续牺牲者愿做而未成的事业"

谌小岑

一

1919 年 9 月 21 日，李大钊先生来到天津。他是应新改组成立的由男女学生联合组成的学生联合会的邀请，到天津讲演的。这次讲演会是觉悟社社员提议发起组织的。所以，李大钊在讲演以后，又特别提出要到觉悟社同社员们见见面。这是我第一次见到这位在中国首先传播马克思主义和宣传十月革命的先驱人物，他给我留下了极其深刻的印象。

觉悟社是 1919 年 9 月 16 日在天津旧城内东南角草厂庵开会成立的。由于当时女子师范、高工、第一师范都在河北区，所以暂时由一个女社员匀出一间客房来作为临时社址，地点在河北区三马路三戒里（11月迁到东兴里）。这是一间十一二平方米的房子，只有一张书桌，一张折叠的饭桌，几把椅子和两张靠背椅，我们请李大钊先生坐在门口的一张靠背椅上，十几个人都站着听他讲话。使我们感到特别亲切的是，李大钊那种和蔼可亲、虚怀若谷的长者风度，在他身上没有半点骄矜之气，讲话时他总是用勉励的词句。他衣着朴素，穿一件蓝长衫，外罩一件黑色马褂，和我们十几个人拥在一间小房子里，像一家人一样和睦友好地亲切叙谈着。这便是给我们留下深刻印象的缘由。

觉悟社最年轻的社员邓文淑（即邓颖超，当年才16岁），简单地向他介绍觉悟社成立的经过和旨趣，并表示要向北京先辈学习。李大钊用赞许的口吻说：“觉悟社是男女平等、社交公开的先行。”这样一句简短的鼓励之词，给我们以莫大的鼓舞。下午4点钟，由周恩来、谌志笃陪同李大钊到新车站，乘火车回北京去了。

二

李大钊先生在天津的讲演里，勉励大家要注意研究世界革命新思潮。我们在他的启发下，开始阅读他发表在《新青年》上的文章《庶民的胜利》《布尔什维主义的胜利》《战后之妇人问题》等，后来又读了《我的马克思主义观》等重要文章。全体女社员对于《战后之妇人问题》一文深感兴趣，反复传颂，如获至宝。在这以前，我们大部分的社员只是从报纸上知道俄国发生了革命，那是"过激派"搞的，并不知道"布尔什维克"是什么含意。就我个人来说，"五四"前夕，4月的第一个星期，我们北洋大学同学一班16个人去唐山实习测量。我看见那里的煤矿工人，蓬首垢面，衣不蔽体，食住情况十分恶劣，矿井安全毫无保障，而那些英国人则骄奢淫逸，作威作福……我有过第一个想法，认为如果这些吸血鬼不赶跑，中国的工人同胞得不到拯救，我们学了工程技术，空谈"救国"也没有什么用。所以当我第一次读了李大钊写的《我的马克思主义观》时，受到很大启发，就同黄正品（即黄爱，当时他是高工学生）谈论，在中国的阶级对立，主要是少数外国鬼子和中国工人的对立。

在我们的心目中，原来只是从传说中知道俄国是西方一个最腐朽的国家，那里有过大批的"虚无主义者"被流放到西伯利亚，俄国革命一定是那些"虚无主义者"干的。读了李大钊的文章后，才知道俄国十月革命是列宁领导的布尔什维克党组织工人、农民武装斗争取得的胜利。我们开始有一种崇敬列宁的心情。记得我们曾集体写过一张传单，署名用"李宁二"，其实就是希望中国能出现第二个列宁的意思。这是读了李大钊的文章以后才有的思想。

我们有几个人，特别是社友黄爱，常常谈到我们在学生运动以后要从事工人运动。这显然也是因为受到了李大钊的影响。

三

1920年7月，天津"一·二四""一·二九"事件被捕的二十几个人释放了。觉悟社社员联名写信要我回天津（我已于1920年3月到汉口工厂做工），参加觉悟社的年会。我于8月初回到了天津。这次年会有14个社员参加，开了3天会，照了一张相。在年会上，周恩来同志提议，我们应同北京的进步团体取得联系，共同商讨今后中国革命的进程。会后，有11个社员到了北京。原意是想请李大钊主持召集一个座谈会，李大钊谦虚地说：这次座谈既是觉悟社发起的，应该以觉悟社为主体。至于邀请哪些团体参加，可以大家商量。

会议在陶然亭召开，会址是少年中国学会选定布置的。到会的团体除觉悟社外，还有少年中国学会、青年工读互助团、曙光社、人道社，共有二十几个人参加。会议由刘清扬担任主席，邓文淑报告觉悟社成立的经过，周恩来谈了我们来北京召集这次会议的宗旨，对希望联合进步团体改造中国的意义作了说明。

李大钊先生代表少年中国学会发言，对觉悟社邀集这次会议表示感谢。他说，各团体有标明主义之必要，"盖主义不明，对内既不足以齐一全体之心志，对外尤不足与人为联合之行动。团体间此后似应有进一步的联络"。

当时决定，由到会团体各推3名代表继续讨论联络办法。少年中国学会的代表有李大钊、陈愚生、张申府。觉悟社的代表不是固定的，由在京的社员轮流出席。先后在北京大学图书馆和中山公园开过几次会。

几经商议，通过了少年中国学会代表起草的《改造联合宣言》和《改造联合约章》。宣言的第一句是："我们集合在'改造'赤帜下的青年同志，认今日的人类必须基于相爱互助的精神，组织一个打破一切界限的联合。"同时，又提出了"到民间去"的口号。宣言还说"我们这次联合……是要组织起来去切切实实地做点事。"《改造联合约章》的第二条标明"即须举行之事业"为："一、宣传事业之联络；二、社会实况之调查；三、平民教育之普及；四、农工组织之运动；五、妇女独立之促进。"还规定成立总通讯部和各地通讯部。

这次集会所决定的事项虽然有许多没有实行，但参加这次集会的人，包括觉悟社社员和其他几个团体的人，后来有不少加入了社会主义青年团和中国共产党，成为中国共产党早期的基本成员。

四

在觉悟社召开年会时，我知道已有两个社员去了法国，又有几个人准备去法国勤工俭学。因此，我也产生了要去欧洲勤工俭学的思想。我回到汉口工厂，立即辞去工作，于 1920 年 10 月中旬到了北京。

当时我有一种不切实际的想法，向李大钊先生提出，请求他帮助我经过苏联到德国去。我听说战后的德国需要外国工人，李大钊答应考虑。不久，由张国焘通知我，要我先去天津找张太雷，成立 S.Y. 天津小组。

我同张太雷是天津北洋大学的同学，他学法科，并在苏联人波列维那里当翻译。我们是在网球场上结识的朋友。我们商量找到觉悟社社员胡维宪和北洋大学同学吴南如、南开学生陶某以及两个京奉铁路职工，一共 7 个人成立了一个小组，学习马克思主义，发行《共产党人》等书刊。我们办起了一份《劳报》，只出了二十几天，因宣传工人运动被当局禁止发行，又改名《来报》（英文 Labour 的译音），搬到法租界，又被禁止，陶同志还一度被捕。

我在 1920 年 11 月、12 月两次到过唐山，第二次是张国焘来邀我同去的，见到京奉铁路机厂（南厂）工人邓培和其他两个青年工人，谈论了唐山工人运动的问题和组织南厂工会问题。

1921 年 1 月，张太雷到苏联去了，我们的报纸被封，工作停顿，我又回到北京，见了李大钊，向他报告了天津工作的经过。

这时，苏联政府同中国北京政府建立了外交关系，派来了使节。经李大钊介绍，我和觉悟社社员李锡锦去北京饭店见了第三国际代表维经斯基。苏联华俄通讯社在北京筹设分社，要找翻译人员，李大钊又介绍我和觉悟社社员薛撼岳和社友梁乃贡去工作。中文部事实上就是由我们3个人组成的。

当时，协约国支持白匪在俄国进行的叛乱已近结束。列宁提出了实行新经济政策的主张，华俄通讯社的稿件在报纸上的传播，有助于中国青年了解十月革命后的苏联情况。1921年9月，由于上海分社的中文部工作人员不得力，北京总社决定派我去上海。

五

1921年9月初的一天，我在离北京的前夕，拜访了李大钊，向他报告我将去上海的事。同时，我告诉他觉悟社社友黄爱在长沙成立了湖南劳工会，请他支援。当时，我已知道中国共产党正式成立了，而黄爱又是在天津读了《新青年》上李大钊介绍马克思主义和十月革命的文章后，决心放弃学业，到长沙从事工人运动的。李大钊指示说，到上海可以随时同陈独秀、张国焘接触，关于支援湖南劳工会的事，也可以同他们商量。

我到了上海之后，先见到了张国焘，知道他已经是中国劳动组合书记部的书记，我又去拜访了陈独秀。我向陈独秀、张国焘提出了关于支援湖南劳工会的问题,张国焘告诉我,已写信给长沙。到1921年10月底,我接黄爱来信,知道通过易礼容的联系,湖南劳工会的3个负责人黄爱、庞人铨、张剑白都加入了毛泽东同志亲自领导的社会主义青年团。

1921年11月,湖南劳工会组织的长沙工人、学生、市民两万多人反对华盛顿帝国主义分赃会议的大示威游行,就是在毛泽东同志亲自领导下进行的。1922年1月17日,黄爱、庞人铨因纱厂工潮被华实公司资本家贿赂军阀赵恒惕逮捕杀害。

黄爱、庞人铨是中国现代工人运动中最早牺牲的烈士,他们的惨死不但激起湖南广大工人和先进分子的愤怒,而且在全国也有强烈的影响。当时中国共产党北京党组织编辑出版的《工人周刊》从第28号到第31号,陆续发表了许多文章悼念黄、庞两位烈士,并对湖南军阀赵恒惕的屠杀行为提出了愤怒的抗议。

李大钊对为革命而牺牲的黄爱、庞人铨非常怀念,他在《黄庞流血记序》一文中指出:"黄、庞两位先生的死,不是想作英雄而死,亦不是想作烈士而死,乃是为救助他的劳动界的同胞脱离资本阶级的压制而死,为他所信仰的主义而死。黄、庞是我们劳动阶级的先驱,我们要奋勇上前,继续牺牲者愿做而未成的事业。"

觉悟社是五四时期天津男女进步青年合组的一个社团,李大钊对这个社团十分关怀和重视,曾经多次给予指导和帮助。在李大钊牺牲后，我们觉悟社的社员经常怀念他，铭记着他对我们的教育和鼓舞。

1980 年 2 月

（原载《回忆李大钊》，人民出版社 1980 年版，原标题为《李大钊先生与觉悟社》）

15.“总有一天我们要把这个牌坊拆掉”

李葆华

我在父亲身边生活的岁月并不长。但是，我父亲作为伟大的共产主义战士的坚定的革命信念、炽烈的政治热情、密切联系群众的工作作风、刻苦学习的精神、大无畏的革命气概，以及他被捕后坚贞不屈、壮烈牺牲等事迹，给我留下了极深刻的印象，长期以来鞭策、教育着我。

一

1918 年七八月间，我们全家离开位于渤海之滨的故乡——河北乐亭大黑坨村，随父亲来到北京。那时候，父亲在北京大学图书馆工作。不久，第一次世界大战以协约国击败德国而宣告结束。那时古老沉寂的北京突然笼罩着一派表面的喜庆气氛。中央公园（现在的中山公园）连日免费开放，招待市民。一天，吃过晚饭以后，父亲很有兴致地带着我们一家人去中央公园。虽然已近黄昏，公园里仍然人山人海，非常拥挤。父亲带着我们来到按照克林德碑建的"公理战胜"牌坊前，意味深长地说："总有一天我们要把这个牌坊拆掉！"十分鲜明地反对许多知识分子把战争的终结说成是什么"公理战胜强权"的谬论。父亲的这种远见和卓识给我们留下了非常深刻的印象。

在十月革命的一声炮响中，父亲发表了《庶民的胜利》和《布尔什维主义的胜利》两篇光辉著作。前者是他在天安门庆祝大会上的讲演稿，随后他又在中央公园的庆祝大会上讲过一次。父亲在这两篇著作中明确地指出，第一次世界大战的结束，是民主主义的胜利，是世界劳工阶级的胜利，是 20 世纪新潮流的胜利。他热情地讴歌十月革命给人类社会带来的新曙光，以高昂的战斗激情预言，布尔什维主义一定能在全世界取得胜利。尽管我们当时不能真正理解父亲的见解，但他那种欢欣鼓舞的热烈情绪还是深深地感染了我们。"试看将来的环球，必是赤旗的世界！"他的这句话一直为后人所传诵，鼓舞着人们为真理而斗争。

这两篇文章的发表，在父亲的思想发展史上是一个重要的里程碑，它标志着父亲从民主主义者向马克思主义者转变，开始运用马克思主义的宇宙观来观察世界,并以此为武器,奋起向旧世界宣战,成为在我国最早传播马克思主义的战士。

五四运动时期,父亲还发起组织了少年中国学会,并任《少年中国》月刊的总编辑。这个学会在北京设总会,南京、成都及法国巴黎设有分会。在父亲的努力下,少年中国学会成为以"本科学的精神,为社会的活动,以创造少年中国"为宗旨、以改造中国为目的的学术团体,是五四时代一个有影响的进步青年组织。1921年党的第一次代表大会之后,父亲等人为争取确立少年中国学会的社会主义方向,多次同学会内的国家主义分子、无政府主义者进行斗争。后来,由于会员成分太复杂和时局的激烈变化,到1925年终于分化了。少年中国学会早期的功绩是不能抹杀的,它团结了一批热心研究马克思主义的青年,其中有很多是信仰共产主义的革命知识分子。我们党许多早期的党员,如邓中夏、黄日葵、赵世炎、高君宇、蔡和森、恽代英、张闻天、罗章龙、张申府等,都是少年中国学会的会员。毛泽东同志也参加了这个学会。

二

1919年夏天,我跟随父亲到昌黎五峰山去度暑假。夏季的五峰山,风景如画,气候宜人,是避暑的好地方。父亲进山以后，就投入紧张而有秩序的工作中。他随身带了许多马列主义书籍，每天除了埋头读书，就是伏案奋笔疾书，只是在工作实在疲劳时，才走出祠堂休息休息。

父亲这次来五峰山，正值五四运动后不久。行前，父亲看到了胡适在《每周评论》上发表的反动文章《多研究些问题，少谈些"主义"》。文中鼓吹所谓"点点滴滴改良"，把马克思主义说成是"阿猫、阿狗、鹦鹉、留声机都能谈的事情"，提倡少谈些主义，多研究些问题。胡适的这种公开挑战激起父亲的无比愤慨。到五峰山以后，他便写了一篇题为《再论问题与主义》的公开信。这篇战斗檄文发表在《每周评论》第 35 期上。父亲在这篇文章里公开宣布："我是喜欢谈谈布尔什维主义的。"他批驳了包括修正主义在内的形形色色的假社会主义、资产阶级改良主义和资产阶级民主主义，指出进行社会主义革命要"因时、因所、因事的性质情形，有些的不同"，不应把"主义"变成纸上空谈。

三

从 1922 年底到 1924 年初，父亲经常不在北京，频繁地奔走于大江南北，为党的革命统一战线的建立而努力工作。早在建党初期，父亲就通过林伯渠同志结识了孙中山先生。党的二大、三大正式确定了同国民党建立统一战线的方针和政策。父亲受党委托，负责同孙中山先生联络，本着"既联合又斗争"的精神，帮助孙中山先生改组国民党，实行国共合作，推进国民革命。由于父亲和其他老一辈共产党人的不懈努力，孙中山先生的革命思想迅速发生转变，开始认识到要想革命成功，依靠少数地方军阀不成，必须实行"联俄、联共、扶助农工"的"三大政策"。在1924年1月召开的国民党第一次全国代表大会上，孙中山先生在中国共产党人的帮助下，正式确定了"三大政策"，重新解释了三民主义，同意共产党员、共青团员以个人身份加入国民党。父亲被孙中山先生指派为这次大会的代表，并承担大会的重要领导工作。就是在这次大会上，父亲当选为国民党中央执行委员，并担负北方地区国民党的领导工作。

在促进革命统一战线的事业中，父亲同孙中山先生建立了真挚的革命友谊。孙中山对中国共产党人给予他的真诚帮助非常感动，对父亲的为人也极为钦佩。父亲也很敬佩孙先生，认为孙中山先生是个伟大的革命家。1925年孙中山先生离开广州北上，中共北方区委在北京组织了盛大的欢迎仪式，父亲亲自前往车站迎接。此后不久，孙先生不幸病逝，父亲异常悲恸。中共北方区党委组织了大规模的、隆重的追悼活动。父亲是孙先生治丧委员会成员，亲自扶灵。在开追悼会那天，《晨报》上专门刊登了父亲步出中山堂的照片。

四

1924 年底，北方地区的斗争形势开始发生变化。党的统一战线政策的正确实施，加快了新的革命高潮的到来，同时促成了反动统治阶级内部的极大分化。冯玉祥的"倒戈"，以段祺瑞为首的段、张、冯三派联合政府的建立，使北京的政局变得异常复杂。

那时父亲正在苏联，他是在 1924 年 5 月接到党中央的指示，作为中共代表团首席代表，赴莫斯科参加共产国际第五次代表大会的。大会结束后，其他代表先行回国，父亲在苏联又逗留了一段时间。他到各地参观、访问、考察和讲演，并抓紧一切时间学习俄文。在苏联期间，父亲给家里来过几封信。他那时化名"李琴华"。父亲曾写信向家里要一件皮大衣，看来他是打算在苏联至少过了冬天再回国。他非常渴望在十月革命的发源地、在伟人列宁的故乡多走走、多看看。然而，他的这个计划没有能够实现。北京政变的消息使父亲再也住不下去了。11 月份，遵照组织的决定，父亲怀着"回到战场上去"的战斗激情，回到了祖国。

父亲回国后不久，根据中央指示，成立了中共北方地区执委会，全面负责北方区委的领导工作。1924 年底到 1925 年初，父亲和中共北方地区执委会在广大的北方地区大力开展工作，党在工人、农民、士兵、学生等各阶层人民中间进行着非常活跃、卓有成效的活动，积极、慎重地发展了大批党团员。我也是在这个时期加入共青团的。

为了加强党的思想建设和组织建设，北方区党委开办了第一个区委党校，利用寒假培训骨干力量。党校设在距沙滩不远的北大三院二楼的一间大教室里。学员主要是北京的党团员，也有从北方其他省市来的，学习时间约为 1 个月。1926 年春节前后，我每天到党校参加学习。党的领导同志赵世炎、陈乔年等亲自给我们讲课。他们除了讲马列主义基本理论、党的基本知识外，也讲国内和国际形势。最后一课是由父亲讲的，讲课的主要内容以《土地与农民》为题目发表在 1925 年 12 月 30 日到 1926 年 2 月 3 日的《政治生活》上。后来，毛泽东同志把它收入农民运动讲习所的教材，供讲习所的学员学习。父亲很早就开始注意研究农民问题。他说："在经济落后、沦为半殖民地的中国，农民约占总人口的 70％以上，在全国人口中占主要的位置，农业尚为国民经济之基础，故当估量革命动力时，不能不注意到农民是其重要的成分。"又说："在乡村中做农民运动的人们，第一要紧的工作，是唤起贫农阶级组织农民协会。""中国的浩大的农民群众，如果能够组织起来，参加国民革命，中国国民革命的成功就不远了。"他提出了"耕地农有"的口号。他花了很大工夫调查研究土地问题。父亲在讲课中特别强调了依靠农会和建立农民武装的重要性。

五

中共北方地区执行委员会成立以后，对北京政变后北方地区的斗争形势做了认真的分析。当时段祺瑞虽是临时执政，但他手中无兵，只有一个几百人的卫队；奉系军阀张作霖依附于日本帝国主义，政治上极端反动，军事上比较强大，是一个最危险的敌人；冯玉祥的国民军在公开打出"反直倒曹"的旗号后，还有一点同情革命的表示。他的国民军曾提出"不扰民、真爱民"的口号，并从故宫中轰出清末皇帝溥仪，一时颇得社会上的好评。北方区委分析了冯玉祥的政治态度，认为应当争取国民军特别是冯玉祥，经过做工作之后，有可能争取他倾向革命。因此，北方区党委确定了争取国民军，打段、张的革命策略。

父亲对争取国民军的工作十分重视，他亲自做冯玉祥及其手下的高级军官的工作。父亲还把一些同志派进国民军中去做中下层官兵的工作。后来，国民军各军中有不少负责工作是共产党员承担的。1926年"三一八"惨案发生的前一天，群众包围段政府，要求段政府公开表示态度，抵抗帝国主义的强盗行径。这次行动是党组织统一布置的，我也参加了。群众来到段祺瑞执政府门前，要求段祺瑞出来。那天守门的卫兵是冯玉祥的国民军。卫兵没有开门，愤怒的群众便把住宅团团包围起来，有人还想翻墙进去抓段祺瑞，受到卫兵阻拦，因此双方发生了口角，相持了五六个小时,直围到天色很晚,人群方才散去。当天晚上,总指挥韩麟符向父亲汇报了当天的群众运动情况。父亲听到我们同国民军的士兵发生纠葛时,即表示同国民军士兵不要搞得太僵,我们还是要争取国民军的。

党对国民军的一系列争取工作收到了积极的效果。在国民军的驻防区内,他们对共产党的活动往往采取不干预的态度。"三一八"惨案发生后,冯玉祥解除了段祺瑞的卫队的武装,对段屠杀人民群众表示抗议。后来,奉系军阀张作霖向北京进攻。国民军准备撤出北京时,国民军的一位旅长跑到父亲的住所,恳切地要求保护父亲出京,到他的部队里暂避一时。父亲坚决不肯离开自己的战斗岗位,这位旅长只好很惋惜地走了。父亲牺牲以后,冯玉祥命令国民军全体官兵戴孝,悼念父亲。国民军同情革命的倾向,为我党发展北方地区的革命形势创造了有利条件。

1924年,国民党第一次代表大会以后,在父亲等共产党员和国民党左派的共同努力之下,北京等地的市、区各级党部陆续建立起来,并成立了国民党在北方的最高领导机关。在父亲牺牲前的一段时间,由父亲主持北方国民党的工作。为了发动群众参加国民革命,中共北方区委专门设立了国民革命运动委员会,由陈毅同志领导。改组以后的国民党发展了一大批党员,很多要求革命和进步的青年加入国民党,给国民党带来了革命的生气。其中的许多人以后参加了共产党、共青团。当时我们党内的同志们在谈话中,常常称国民党是"民校",共青团是"中学",共产党是"大学"。这些都表明了在当时的革命形势下，我们党与国民党合作，推进了革命的向前发展。

在贯彻执行党的统一战线政策时，父亲始终坚持团结国民党左派，同国民党右派做了尖锐的斗争。随着革命的深入，国民党右派邹鲁、林森之流反共、反人民的面目暴露得一天比一天清楚了。他们处处同共产党和革命的左派作对，使用种种手段破坏我党所领导的革命斗争。早在国民党第一次代表大会上，他们就要取消父亲等共产党员的国民党党籍。父亲代表我党同志发表了意见书，坚决回击了右派的进攻，使他们的阴谋破产了。孙中山先生逝世后，臭名昭著的"西山会议派"立即"宣布开除"父亲等共产党人，但同上次一样仍然未能得逞。1926 年初，国民党市党部在翠花胡同 1 号举行了一次升旗典礼，这次升旗典礼是针对右派另立伪市党部的分裂行为而举行的。父亲在典礼上发表了题为《青天白日旗帜之下》的演讲。这天父亲回到家里以后，向我们讲起同国民党右派的这场激烈斗争。他说："右派只讲'青天白日'，那怎么行？我们还要'满地红'嘛！"后来，在国民党市、区党部的选举中，左派大获全胜。

在当时各种错综复杂的矛盾中，同国家主义派的斗争是很重要的一个方面。这一派的代表人物曾琦也是少年中国学会的发起人之一。少年中国学会分化以后，他同共产党成了死对头。有一次，国家主义派在北大三院召开大会，曾琦要发表反共讲话。党组织事先得到消息，发动了许多党团员和进步群众前去参加。曾琦刚上讲台讲了几句反动话,听讲的群众就高喊"打倒国家主义!"的口号,随后大家又嘘又轰,曾琦十分狼狈,连忙从讲台上溜下来,偷偷地逃掉了。其后不久,还是在这个礼堂里,父亲发表讲演。党组织了纠察队,防止国家主义派捣乱,大会开得十分成功。

六

五卅运动前后,北方地区的革命形势进入新的高潮,大规模的群众运动一浪高过一浪,迅猛异常。尤其是北京,几乎平均每个星期都有一次游行示威或请愿集会。父亲是党在北方的主要领导者,他总是亲自参加重要的群众运动,做实际的领导工作。他是一位重实践不尚空谈的革命活动家。

1926年,震惊全国的"三一八"惨案发生了。父亲始终同群众战斗在一起。那天我跟着团组织活动,事先不晓得父亲也去参加示威请愿。由于前一天曾发生流血事件,我们特意做了准备,每人做游行示威的小旗时,都挑选了较粗的棍子当旗杆,用于自卫。但是,谁也没有想到丧心病狂的反动军阀政府竟然动用排枪、刺刀,大肆屠杀无辜群众。

血腥的镇压完全是段祺瑞执政府精心策划好的。段对国民军十分不放心,把门卫全部换成他自己的卫队,还预先埋伏了许多全副武装的军警。请愿群众进入执政府门前的广场后,有一位青年爬到大门一侧的石头狮子上讲演。就在这个时候，段政府的卫队朝这位青年开了一枪，成为镇压群众的信号，于是一场残酷、野蛮、血腥的大屠杀开始了。许多事先埋伏的军警纷纷钻进人群中，一边咒骂，一边用手枪射击。无数爱国青年在排枪、刺刀和大刀下牺牲了。在混乱中，我随着人流向铁狮子胡同东边奔去，终于避开了刺刀和枪弹，跑了出去。事后得知，从西口走的同志大多数牺牲了，跑出来的大部分人是从东口跑的。

回到家里，听母亲说父亲也去了，而且一直没有回来，她和妹妹正急得不知如何是好。直到很晚了，父亲才进门来，他的脸和手都负了伤。原来，那天他和赵世炎同志在天安门前主持完抗议帝国主义挑起"大沽口事件"的 10 万人大会，也直接到铁狮子胡同参加群众的请愿示威了。惨案发生后，父亲镇定地指挥群众迅速离开现场，以免造成更大的损失。最后，他才从胡同东口撤出来，立即到党的机关所在地，召开了党、团地委联席会议，商量了下一步的工作。一切安排好之后，他才回到家里。看到了他，我们全家松了一口气。听完父亲的讲述后，他那种同人民群众生死与共、为了革命的利益丝毫不顾个人安危的精神深深教育了我们全家。

七

"三一八"惨案发生以后，我国北方的革命运动开始转入低潮，段祺瑞执政府再三通缉父亲和其他一些革命者，北京的反革命气焰一时嚣张起来。为了保存革命力量，父亲和中共北方区委做了暂时的退却，转入地下坚持斗争。

这时我们的家几经辗转，搬到了朝阳里3号。父亲虽然不在家里住，但每天仍有许多书信寄到朝阳里来，其中有每周一期的《共产国际通讯》和其他许多国家的革命书刊，各种文字的都有，几乎每个星期都积存很多，由我送给父亲。

我的另外一个任务是给要求同父亲谈话的人传信。来见父亲的人很多，除了青年人外，还有一些进步教授、军人等。尽管父亲的工作很忙，但对每个要求见他的人，不管是什么身份，都要尽量挤出时间来接待。我记得我的一位老师很想同父亲谈谈，父亲把他请了去，谈话后，又把他介绍到广州去参加革命。"三一八"惨案前后，李立三同志从南方到北京来办事，住在北京大学。党组织得知反动派发现了李立三同志的行踪，立刻派我到北大送信，让他立即转移，使李立三同志安全脱险。

反动的军阀政府极端仇恨燃烧在它身边的革命火种。1927年4月6日，敌人突然包围苏联大使馆，进行了蓄谋已久的大搜捕，父亲等一大批革命者不幸被捕，同时被捕的还有我的母亲和两个妹妹。那天我偶然因事到西郊去，才免遭这场横祸。

父亲在敌人的监狱里受尽折磨，身体受到严重摧残，但他仍以昂扬的斗志，继续同敌人进行斗争。他遵守党的纪律，严守党的秘密，表现了共产党人崇高的革命气节。为了躲避敌人的迫害，父亲的朋友们把我隐匿在他们家里，我只能从报纸上读到一点有关父亲的消息。当时所谓的"党案"是轰动一时的大事，报上每天都登载有关的新闻。从报纸的字里行间，我看到父亲在敌人法庭上大无畏的革命形象。报上说："闻李大钊受讯时，直认真姓名，并不隐讳。态度甚为从容，毫不惊慌，彼自述其信仰共产主义之由来，没谈党之工作，……俨然一共产党领袖气……"

父亲一生热爱真理，崇信真理，曾为寻求真理历尽辛苦，走过不少崎岖的路，但只有在找到马克思列宁主义以后，他才真正寻求到救国救民的真谛。从此，他怀着无比坚定的信念，为捍卫马克思主义真理、为实现共产主义的崇高理想进行不屈不挠的斗争，直到献出自己宝贵的生命。正像父亲在一篇短文中说过的一样："人生的目的，在于发展自己的生命，可是也有为发展生命必须牺牲生命的时候。因为平凡的发展，有时不如壮烈牺牲足以延长生命的音响和光华。绝美的风景，多在奇险的山川。绝壮的音乐，多是悲凉的韵调。高尚的生活，常在壮烈的牺牲中。"1927年4月28日，父亲正是怀着这样高尚的革命情操，牺牲在敌人的绞刑架下。父亲是为建立新中国、为全世界劳苦大众的解放而牺牲的，他死得伟大。

半个世纪过去了，我们的祖国发生了翻天覆地的变化。父亲等千百万革命先烈为之英勇牺牲、鞠躬尽瘁地为之奋斗的无产阶级革命事业，已经取得了伟大胜利。他们为之献身的崇高的共产主义理想，必将在全世界实现。我们要继承先烈的革命精神，继续先烈开创的革命事业,在党中央领导下,团结一致,高举马列主义、毛泽东思想的旗帜,向着四个现代化的目标奋勇前进。

（原载《人民日报》1979 年 10 月 29 日,原标题为《回忆父亲李大钊的一些革命活动》)

16."父亲的英雄形象永远铭刻在我的脑际"

李星华

应变

1926年"三一八"惨案发生后，段祺瑞军政府下令通缉那些领导爱国斗争的所谓"暴徒"，在段政府的通缉令中，名列第一的就是我的父亲李大钊。从那天以后，父亲便暂时转入地下，住在苏联大使馆的兵营里。他每天还是照旧工作，从早上忙到天黑，没有一会儿闲暇的工夫。

那时正是北伐大革命的前夜。可是在北洋军阀统治的北京，反动势力仍然十分嚣张。父亲住进苏联大使馆兵营以后过了3个来月，也就是1926年6月间，奉系军阀张作霖在日本人的庇护下入关进京。张作霖一到北京，首先就对革命力量来了个下马威：他逮捕了进步报纸《京报》的主笔邵飘萍，把他枪决了；紧接着又处决了另一个进步小报的主编林白水。我记得当时有个画报上有人曾用"萍水相逢百日间"的话来描写张作霖进关后的白色恐怖。一时间，整个北方的天空布满了乌云，形势十分险恶。住在苏联大使馆的兵营里的父亲和他的战友们，工作也更紧张、更繁忙了。为了应付随时都可能突变的形势，在党的安排下，一部分同志从兵营中撤出去，离开了北京。有的去南方参加北伐，有的被派往苏联学习。

看到那些去苏联学习的同志，我们都十分羡慕。关于苏联和伟大的列宁的故事，我们过去从父亲那儿听到过许多，早就向往着能到那个神话般的社会主义国家去看看。于是我，还有哥哥，都向父亲提出去苏联学习的要求。可是为了整个革命利益，父亲没有答应我们，他总是和蔼地回答我们："不忙，你们现在还小，将来有机会，一定送你们去。"我们坚持要去，父亲就有趣地笑着说："候候有席，候候有席。"

父亲自己也留在北京坚持斗争，他几乎足不出户地整整工作了一年多。

第二年的初春，风声更紧了。有一天，在父亲那里负责交通工作的阎振山同志一早出去送信，到天黑也没见回来，大家都为他没有回来而焦虑。父亲派人到外面去了解，才知道他被捕了。阎振山一被捕，送信、取报的工作，就由那位帮父亲他们做饭打杂的张全印同志担当起来。可是没过几天，张全印上街去买菜时也失踪了。这时，做饭全得由父亲和同志们自己动手，有些事情母亲也帮着做。生炉子、烧开水、切菜、做饭这些事情，父亲他们从来没有做过，但他们并不觉得是负担，倒是干得满有兴头，每到做饭的时候，父亲提着水壶到水管子下面去接水，谭祖尧端起小瓦盆淘米；范鸿劼拿着菜刀切菜。有一次，范鸿劼一不小心，用菜刀把食指切破了一层皮，鲜红的血滴到菜叶上，父亲在一旁开玩笑说："这倒好，我们正少肉吃呢，今天就吃点荤吧！"

父亲这句话，把大家逗得哈哈大笑，他自己笑得特别痛快，似乎危险和紧张的局势全都不存在了。

没有多久，不知道什么人推荐了一个打杂的工人来代替张全印的工作。这个人长得獐头鼠目，行动鬼祟，常见他贼头贼脑地四处乱看。父亲觉察不对头，悄悄对母亲说："这个人不老实，要注意他！"

母亲说："咱们豁着自己多忙一些，还是赶快打发他走吧！"

第二天，父亲就把这个人打发走了。事后才知道，这个人确实是反动政府派来的暗探。我们曾给这人起了个外号，叫他"老鼠精"。这个"老鼠精"虽然没能窃走什么机密或文件，但他却窃探到父亲仍然没有离开北京。这时候，东交民巷巷口和苏联大使馆周围，假扮作"东洋车夫"的暗探增多了，他们把车子擦得锃亮，停在使馆附近，窥测来往行人。

那时，父亲常常在黄昏以后沿着使馆兵营的围墙独自散步。

217

有时候，他慢慢踱到兵营的旗杆下，蹬上升旗子的高台，向四处瞭望。谁能想到，这个漫不经心欣赏夕阳的人，正警觉地在那里侦察敌人的行动呢？

有一天，父亲匆匆地回到家里，一句话也没说，走到书桌旁拉开抽屉，把一支乌黑的手枪放了进去，接着从衣袋里又掏出一支手枪来。

母亲看见父亲拿回来两支手枪，吓了一跳，连忙问父亲说："哪儿弄来的？"

"托人买来的，我们正在练习打枪，学会打枪还可以对付一下那些坏东西！"

父亲说到这里，很有信心地瞅了瞅他手里的那支小手枪，两只眼睛亮闪闪的。可是母亲低垂着的眼睛里却充满忧虑，于是一种无名的忧愁也从我的心底升起：今后的日子一定更加不安宁！

以后，父亲一回来，就喜欢谈起打枪的事，他对我们说："瞄准的时候，要把枪握得紧紧的；一不握紧，枪的后坐力就会把手腕震痛的。"

母亲在一旁插嘴问："好学不好学？"

父亲说："好学，这没有什么，很好学。现在我已经瞄得很准了，我们的人已经全部学会打枪了。"说着，他脸上露出胜利的微笑。

在那些日子里，父亲格外忙，他每天夜里回来得很晚，早晨不知道几时又离开了房间，有时候他也留在家里，埋头整理一些书籍和文件。

我们住的那座院落后面，有一个僻静的小院子，父亲和他的同志们在那里生起一个小火炉，一沓沓的文件被父亲扔进熊熊的炉火中。我常常蹲在旁边呆呆地看着。那些书籍和纸片扔进炉子后，立刻冒起一股浓烟，随后"忽"地一下烧着了，它们变成一些深灰色、浅灰色的蝴蝶飞了出来，在空中不住地飘舞盘旋。

父亲的脸上显得十分严肃。我问父亲："爹！为什么把它们烧掉呢？怪可惜的。"

父亲没有立刻回答我的问题，待了一会儿才说："不要它们了，就把它们烧掉。你小孩子家，不要管这些事。"

父亲对我们永远是慈祥的，从来没有骂过我们，更没有打过我们。我常常爱向父亲提出许多幼稚可笑的问题。他不论怎样忙，对我的问题也总是很感兴趣，耐心地讲给我听。这一次却不知道为什么回答得这样含糊。我隐隐约约地感觉到，有许多情况父亲没有告诉我。我看见他是那样紧张、那样的忙，也就不再问他了。

局势越来越严重，但是父亲并不因为情形恶化而有发愁的样子。他工作完了，还讲些惹人发笑的话。父亲对艰巨的革命事业从来是乐观的。

几天以来，常有父亲的朋友秘密来看父亲，劝他离开北京。父亲对他们的劝告不很在意。母亲也为他担心，时时向父亲提出劝告。但这也毫无效果。父亲似乎嫌母亲有些啰唆，态度坚决地对母亲说:"我不是常对你说过吗,我是不能轻易离开北京的;假如我走了,北京的工作留给谁做?……你要知道现在是什么时候,这里的工作是怎样重要。哪里能离开呢?"一直说得母亲闭口无言。我虽然也在发愁,但总脱不掉孩子气,自己玩到高兴的时候,会把什么事情都丢到脑后,绝不像母亲那样整天浸在愁苦里。我们就这样在终日不安中过着日子。

被捕

1927 年 4 月 6 日,那天正是清明节。一早上起来,天气非常温和,我和妹妹愉快地换上了新夹衣。父亲看到了,立刻说:"快到外面玩去吧,真是春天了。"那几天父亲很忙,很少像那天这样得空和我们讲话,但那天他也仅仅和我们说了一句话,就又匆匆地去忙他的工作了,母亲兴致勃勃地带了妹妹去兵营那边散步,连早饭也没吃。父亲在里间屋里,伏在黑色的桌子上写字,我坐在外间的长木椅上看报。短短一段新闻还没看完,就听见"啪!"的一声尖锐的枪声,接着就听见庚子赔款委员会那边发出一阵纷乱的喊叫,接着又听见有许多人从那堵矮小的花墙上跳到我们的院子里来。

"什么?爹!"我瞪着两只受惊的眼睛问父亲。

"没有什么,不要怕。星儿,跟我到外面去看看吧。"他不慌不忙地从抽屉里取出那支闪亮的小手枪，就向院里走。我们刚走出房门，就看见许多赤手空拳的青年像一群受惊的小鸟似的东奔西撞，找不到适当的去处。刚才就是他们从墙上跳过来的。我紧随父亲身后，走出这座一时充满恐怖的院子，找到一间僻静的小屋，进去后暂时安静下来。

父亲坐在椅子上，一句话也没说，神情非常冷静，手里握着那唯一的武器。看样子，假如可能抵抗，他一定要抵抗一下的。我也有些胆壮起来。

一会儿，外面传来一阵沉重的皮鞋声，我的心剧烈地跳动起来。我没有吭气，只用恐怖的眼光瞅了瞅父亲。听声音，来的人不在少数，而且已经把这间小屋团团围住。

"不要放走一个！"粗暴的吼声在窗外响起来，喊声未落，穿着灰制服和长筒皮靴的宪兵们、穿便衣的侦探和穿黑制服的警察就蜂拥而入，一瞬间挤满了这间小屋子。他们像一群魔鬼似的，把我们包围起来，十几支黑洞洞的枪口对着父亲和我。一个坏蛋立刻冲到跟前，把父亲的手枪夺过去了。

在这许多军警中间，我发现了前几天被捕的那位工友阎振山，被绳子给牢牢地拴住胳膊，由一个肥胖的便衣侦探拉着；从那两边披散着的长发间露出一张苍白的脸，显然他受过酷刑了。他们把他带来，当然是叫他认人的。

那个粗大身材、满脸横肉、一双阴险眼睛的便衣侦探指着父亲问阎振山："你认识他吗？"阎振山只简单地摇一摇头，表示不认识。

"哼！你不认识？我可认识他呢！"胖侦探狡猾而阴险地一笑，"给我搜！"

他手下的那一伙又拥上来，把父亲的全身上下、里里外外搜了个遍。他们什么也没得到。这时父亲始终保持着他那惯有的严峻态度，他轻蔑地望着这群匪徒们，不屑于同他们讲任何道理，因为他明白，对他们是没有什么道理可讲的。

残暴的匪徒们把父亲绑起来，簇拥着走了。我不知道他们要把他带到哪儿去。父亲临走时只深情地看了我一眼，没有说任何话。他那高大的身影很快就消失在拐角处。我强忍眼泪，没有哭，也没有喊叫。

匪徒们并不肯放过我这个年仅十几岁的孩子，他们用一条白绳捆住我的胳膊，拉着我飞快地走出东交民巷，往北穿过邮政总局门前，把我从一个便门带到了警察厅。

在高大的砖墙围起来的警察厅院里，我看见母亲和妹妹身上沾满灰尘，也在警察的看押下蹒跚地被带进来了。母亲一见我，几乎哭出声音；一刹那间，她又忍住了眼泪，装作不认识我。我们谁也没有说话，各自坐在地上，默默注视着院里发生的一切事情。

那些来来往往的警察和宪兵，像一群捕到猎物的狗，欣喜若狂地忙碌着。他们不时地从那个押我进来的便门，把一筐筐书报和被褥等物抬进院子，然后往东边去了。当他们从我跟前走过时，我认出其中有很多东西是从我们家抄来的，我立刻想起父亲前两天在家里烧文件的情景，哦，原来父亲早有准备，除了这些书和破烂的东西以外，坏蛋们是捞不到什么的，重要的机密早就被父亲销毁了。

回过头，看见母亲的眼睛里也闪着愤怒的光，同时还有一丝丝不易察觉的忧虑掠过，我知道母亲准是在惦记父亲的安危。是啊，父亲现在究竟在哪里？那些"牲口"们会怎样折磨他呢？我的心又黯然了。我们眼巴巴盯着来来往往的警察、宪兵，盯着那扇通向外面的便门，希望父亲会突然从那里出现；可是，整整盼了一天，连他的影子也没见到。

下午约摸四五点钟时，谭祖尧同志的未婚妻李婉玉也被带来了，还有她的妹妹李柔玉。这时候我们一共7个人，都是妇女和孩子，其中有两个在使馆里工作的保姆，我们叫她们"阿妈"。敌人对我们这几个人并不怎么注意，我就慢慢挪动着，和母亲、妹妹凑到一起，小声商量起对策来。

母亲说："咱们先别暴露真名，他们如果要问，我就说，我是大使馆里当保姆的，叫王杨氏，你们呢？"她指了指我和妹妹，"就说是我的女儿，从家里来这儿看我的。"随后母亲给我和妹妹各编了个假名，我叫"王慧"，妹妹叫"王淑敏"。

黄昏的时候，警察厅院子的便门又开了，一群戒备森严的警察、宪兵拖进一个人来，只见这人浑身是血和泥，衣服已经破烂不堪。起先我们以为是父亲，透过黄昏的余晖，才勉强认出他不是父亲，而是范鸿劼同志。一位最后进来的阿妈向我们说了范鸿劼同志被捕的经过：大搜捕开始后，范鸿劼躲在使馆里的一个花房内，一直没有被发觉。匪徒们不轻易放过一个革命者，搜捕从早晨进行到下午，终于，他们在花房里发现了范鸿劼同志。敌人呼喊，叫他出来，范鸿劼从花房里向匪徒们开枪射击，但最后还是因为寡不敌众，被敌人逮捕了。听到这儿，我更加佩服这些勇敢的革命者，同时也为父亲和他的战友们捏了一把汗。

清明前后，气候无常。早晨还是春光明媚的天气，到傍黑突然变冷了，好像老天故意欺负我们这些遭难的人。寒冷的夜风吹透了我们身上单薄的衣衫，一直刺到骨头里。我和妹妹紧紧依偎在母亲身旁，尽管身体蜷曲成一团，也还是不能抵御那阵阵袭来的寒风，禁不住瑟瑟发抖。

从院子东边不知哪个房子里，传出一阵用惊堂木拍桌子的响声，匪徒们显然正在审问被捕的革命者，我们的亲人肯定是受尽了酷刑折磨。想到这些，我的心像冻僵的身体一样，揪得更紧了。大概是因为敌人忙着审讯，从被押进这座大院里，就没人来过问我们。黑暗笼罩着这个院子，四周是布满电网的高墙，就连头顶上的天空，也被这高墙围成了一个方框框，惊堂木声、审讯的吼叫声，掺杂着墙头上偶尔跑过的野猫的叫声，使这个本来就阴森恐怖的警察厅的院子，显得更加阴森可怕。虽然这一天非常累，可是谁也没有睡意，只是坐着、听着。李婉玉和她妹妹低声在哭泣。婉玉还小声咒骂着："这些暴徒！……这些土匪们！……”不知道为什么，我这个平时胆子很小的人，今天反而什么也不怕了。父亲高大的身影总在我眼前浮起，使我浑身增添了力量。我暗暗想，那些坏蛋会怎样处置我们呢？也许，很快就要把我们都处死吧？于是一个很幼稚的念头浮现在我的脑海里：“处死就处死吧！就这样和父亲、母亲死在一块儿，也挺光荣的。”我开始盼着天快一点儿亮，因为我想，天一亮就什么都知道了。

东方终于微微发白了，几个警察来给我们登记姓名。我们报了事先编好的假名，没过多久，警察提着一盏发出暗淡的亮光的马灯，把我们7个人押送到一个小院子中坐北朝南的女拘留所内，交给了女禁子，并对我们说：“你们就在这儿过夜，不准说话！不准乱动！”说完，女禁子就把我们每人周身搜了一遍，把头绳发卡、裤腰带都收走了。她们临走时，“砰！”的一声把门关上，把门上了锁。从此，拘留所的生活开始了。

在拘留所里

我们被关进拘留所的女拘留室，这个院子里关押的都是女“犯人”。我们7个一同进来的“政治犯”住在当中的一间，两边关着一些刑事犯。一排三间拘留室，其实是彼此相通的，中间只用两道圆木做的栅栏把它们隔开。从栅栏的缝隙中可以看到两旁屋里的一切，甚至连刑事犯们说话、喘气的声音都能听得一清二楚。这些刑事犯干什么的都有：有杀人放火的、抢劫偷盗的、流氓拐骗的、贩卖人口的……她们中有的是真正的坏人，有的是被生活所迫而被迫"下水"的，还有的是被拐骗遭受冤屈的，有一个眼睛哭得又红又肿的妇女就是被流氓拐骗的，当时我们都很同情她。这些形形色色的罪犯，都是罪恶社会的产物，使我第一次实际而生动地了解到中国社会的黑暗，也使我记起父亲说过的话："这个人压迫人的黑暗社会不会太长久了。劳动人民当家作主已经在苏俄实现，日后也一定会在我们这里实现。"

小院两侧的厢房，是几个单间拘留室，门口挂着"优待室"的牌子。听女禁子说，那里面关的都是些案情重大的"女政治犯"，她们是前些时候被捕的。第二天"放茅"的时候，优待室也"放茅"，"女政治犯"用惊奇的眼光看着我们，趁女禁子不注意，她们有意走近我们，悄悄问道："你们是从哪里被捕的？"

我说："在苏联大使馆被捕的。"

"李先生怎样了？"

"也被捕了……"

她们苍白的脸上顿时变得沉重了。她们还要问我们什么话时，女禁子恶狠狠地呵斥道："不许说话！"我们便赶紧走开了。

回到拘留室，女禁子也跟进来，板起那满是横肉的面孔训斥我们："你们到这里就得守规矩，不准随便说话！"她看我们不搭理她，又凶神恶煞地喊了一句："听见没有？"我们还是不理她，女禁子一看没人理睬，就没趣地嘟囔着走出去了。

虽然和那些"女政治犯"素不相识，但我知道她们是父亲的同志，我深信她们也和父亲一样是世界上最好的人。像她们关心我们一样，我也很关心她们；很快我就知道了她们每个人的名字，不管谁被提审、受讯，我的心都相随而去，直到她们回来为止。这些女同志都和父亲一样坚强乐观，尽管受尽毒刑拷打，但她们绝不低头。有时从那狭小的拘留室窗户里传出她们深沉的歌声："走向前去，曙光在前！"

听到这熟悉的《少年先锋队歌》时，我的眼前出现了父亲亲切的脸庞，在心里默默和着她们的歌声唱起来。

拘留所的生活艰苦而单调，每天的主食是两顿棒子面窝头，一碗清水漂着几片咸萝卜算是菜；拘留室潮湿阴暗，空气污浊；7个人睡在一个炕上，挤得要命。这儿使我头一次尝到失去自由的痛苦。白天不许随便走动交谈，即使你说一句话，被凶恶的女禁子发现了也要遭到一通呵斥。看着窗外那自由翱翔的鸟儿，我想，人要是能长两只翅膀多好啊，那我就要从这个窗栏中飞出去，飞到父亲的身旁。

对我们这些"犯人"来讲，唯一可以"自由"一会儿的时间就是一天两次的"放茅"，尽管每次"放茅"只有10分钟，我们还是盼望着，因为唯有这时，我们可以到院子里走走，伸一伸那坐肿了的腿；也唯有这时，我们才能享受一点大自然对人类的恩赐：温暖的阳光和新鲜的空气。相对来说，晚上的"自由"倒是更多些。女禁子把门上了锁，回她们自己的房中睡去了，这时候我们就可以悄悄地谈天。我和李婉玉就是在那时候才慢慢熟悉的。婉玉常常爱给我讲她自己的事。她告诉我，她的父亲是张作霖手下的一名海军大官，很有势力，但是她没有跟着她父亲走，而是参加了革命。她和谭祖尧同志感情很好，事变前当形势恶化时，她曾几次劝谭祖尧化装离开北京，可是谭祖尧说什么也不走，他说："李先生不走，我也不走，我们要在这里坚持斗争到底。"①……我也给她讲起父亲的事。李婉玉天天盼望提审，我和母亲也盼望提审。她盼望提审是为了见到谭祖尧，得到谭祖尧的消息；我们盼望提审，是渴望得到父亲的消息。我们每天除了盼望提审，总是得空就谈自己所知道的情况。有时谈到很晚很晚才入睡。一天早上，警察跑到我们拘留室来，我们以为是要提审呢，可是他恶狠狠地喊叫："你们都坐好，都坐正！不许动！待会儿外面有人到这儿来参观。"

不一会儿，一群穿着长袍马褂打扮得奇形怪状的人蜂拥而入。看了看我们，又去看一进门右边墙上挂着的人名牌。有个人用侮辱的口吻拉着长调说："共产——共妻！"说完就往外走。我

---

① 据谭祖尧烈士的同学江善朝回忆：谭是四川人，当时肄业北京艺专，追随李大钊同志参加革命。谭已和同学李婉玉订婚。李婉玉的父亲在北洋政府供职，消息比较灵通，知道张作霖仇恨共产党人，要下毒手，因而嘱咐婉玉，让她躲避一下，并准备在广州代谋一事作为安身之处。谭回复说："干革命就不能怕死，我宁为玉碎，不为瓦全。我坚决跟李先生干革命，决不回头。只要李先生不离开北京，我也不离开北京。"不久即被捕遇害。

们听了都气坏了，婉玉生气地骂道："谁共产共妻？你们才共妻呢！"那些人装作没听见溜掉了。我很佩服婉玉的勇敢，她在拘留室里常常和那些坏家伙们做斗争，连女禁子都有点怕她呢。

在法庭上

就这样，十几天过去了，我们始终没有看见父亲，也无从打听到他的消息，我和母亲每天都沉浸在疑惑里：父亲现在怎样了？是不是发生了意外？或许我们能在法庭上见到他？于是我天天盼着警察喊我们的名字，可是始终没人来叫我们。

有一天，上午 11 点钟左右，我们正在吃饭，手里的窝窝头还没啃完，就听见警察喊母亲、我和妹妹的名字，说是"提审"。我的心"怦怦"地跳了起来，立刻放下窝头、萝卜汤，和母亲、妹妹下了炕，跟在警察后边走出房门。我一边走一边想："不管怎样，这回事情总算有了头绪，不会再装在闷葫芦里了。"

在法庭上，我们和父亲见了面。父亲仍穿着他那件灰色旧棉袍，头发长而且乱，稍微遮住他的一部分脸。样子和平常差不多，只是没戴眼镜，脸比从前消瘦了。还是那样沉着，那样平静。

"爹！"我忍不住喊出声来。母亲一下哭得瘫在地上，妹妹也跟着哭起来了。

"不许乱喊!"法官拿起惊堂木重重地在桌上拍了一下。

"不许乱喊!"他的手下也跟着喊叫。

父亲瞅了瞅我们,没有对我们说一句话。脸上的表情非常镇静。

"这是我的妻子。"父亲指着母亲说。接着他又指了一下我和妹妹:"这是我的两个女孩。"

"她是你最大的孩子吗?"法官指着我问父亲。

"是的,我是他最大的孩子。"我不知道当时哪里来的机智和勇敢,怕父亲一不留神说出哥哥来,就这样抢着说。

"不准多嘴!"法官怒气冲冲地又将他面前的那块木板狠狠地拍了几下。

"不准多嘴!"他的左右也狐假虎威地重复着。

父亲立刻就会意到了,接着说:"是的,她是我最大的孩子。我的妻子是个家庭妇女,我的孩子们年纪都小,都在上学,可以说她们什么也不懂,一切都与她们没有关系。"父亲说完了这段话,不再说了,又望了望我们。

狡猾的法官不相信我们的话,他皱了皱眉就又想出一个鬼主意来,当场出了一道数学题让我算,看我到底是不是学生,我不慌不忙把那道题回答出来了。法官一看没了招,就命令警察:"把她们押下去!"

就这样,同父亲见了一面,就又匆匆分别了。想不到这竟是最后一次见面!回到牢房里以后,父亲在敌人法庭上的那种严峻而坚强的态度，长久回旋在我的脑海里。

以后父亲的情况一点也没有法子知道。母亲和我每天仍旧沉浸在疑惑、焦虑和挂念里。不久，李婉玉、李柔玉被释放了。另一个女政治犯也是父亲的学生，又被关进我们的拘留室。晚上，我们就向她打听一些外面的消息，她说起父亲被捕以后，全北京城、全中国甚至全世界都轰动了。报纸上天天有关于他们的报道。她说报上还登着父亲的照片，是一张很神气的照片，眼睛里闪着慈祥的光，是印在头版显著地位的。她讲得很起劲儿，完全忘了是在深夜，而且忘了是关在没有自由的拘留所里。她谈话的声音不由得高起来，又说报上每天的舆论很多是站在父亲方面，甚至最反动的报纸也不得不虚伪地对父亲的人格和学问表示钦佩。有的劝告当局不要对这样一个人轻易地处治；有的主张立即释放；有的主张判无期徒刑，终身监禁，让他在监狱里写作。

讲到这里，她又有些失望地加上一句："我觉得报上不论怎样替李先生说话，恐怕不会有一点效果。"母亲和我一阵兴奋，又是一阵不安。

英勇就义

1927 年 4 月 28 日早上，张艳兰被叫走了，她那天穿得特别整洁、干净，头发梳得也很齐整。我们像往常一样，一整天里都在盼望着她早点回来，可是直到黄昏也没见她回来。

傍晚的时候，警察第二次喊母亲、我和妹妹的名字，这次是叫我们收拾东西出拘留所了。在忙乱中，我帮着母亲，用颤抖的手整理好我们的几件破衣服。一个警官一直把我们押送到大门口。临出大门，门房的警察把我们进来时收走的头绳、腰带等还给了我们，可是母亲唯一的一个金戒指没有还。母亲问他："我那只戒指怎么不还给我？我还要用它换钱吃饭呢，还给我吧！"

警察爱搭不理地说："没有！"

旁边的一个警察有点同情我们，低声说："给她们吧！"那个警察这才把戒指取出来还给了我们。

这时，我焦急想知道父亲的情形怎样，低声地问押送我们出来的警官："警官先生，有件事向你打听一下，你知道我父……怎样了？"我的声音不自主地有些发抖，眼睛里充满泪水。

"唉！回去吧。回去以后什么都会知道了。"他用一种哀伤的口吻说。

我们走出那座漆黑的大铁门。回到家里，天已经全黑了。站在这座寂静冷落的门前，感到说不出的生疏，舅姥爷听见我们拍门，跑来开门，他一看见我们，格外高兴地向院里高声喊着："回来了！"帮助母亲照看孩子的雨子妈简直乐得闭不上嘴。"这是老天的保佑！"她只说了这么一句。

家里的东西七零八落、东倒西歪，显然是被搜查过的。母亲看见留在家里的 3 个孩子，免不了伤心落泪，母子抱头大哭。跑过来看我们的周围的邻居也都落下眼泪。这天晚上谁也没睡，我们只给母亲收拾出一小块地方让她躺下休息，大家就在极度的不安中度过了这漫长的一夜。

第二天一清早，舅姥爷就到街上去买报纸，我们在家里不安地等待着他把父亲的消息带回来。老人是哭着从街上回来的。他的手里无力地握着一份报纸。我看见报纸上用头号字写着"李大钊等昨已执行绞刑"的大标题。我立刻感到眼前蒙了一团云雾，晕倒在床上。醒来时，房里已乱成一团，母亲伤心过度，晕过去3次，每次都是刚刚叫醒又晕过去了。

我们这一群孩子像嗷嗷待哺的一窝小燕，团团围在母亲身边。

"妈，我们在这里。"我们是用那样可怜的声调在母亲的耳边喊着。

"记住，昨天是你爹被害的日子。昨天是几号?"母亲醒过来低声问我。

我又哭了，从地上捡起那几张零乱的报纸摆在眼前，横下心，咬紧牙齿，那上面清楚地登着父亲他们20余人在昨天上午被绞死的消息。

我把报纸扔在床上，低声向母亲说："妈，昨天是4月28日。"

母亲微微点了一下头。

父亲壮烈牺牲的消息很快就轰动了北京全城。到家里来慰问的人终日不断，其中许多是父亲的朋友们。他们都泣不成声，呜咽着劝慰母亲不要过度伤心，要珍重身体。反动政府为了迷惑人心，在报上宣传说，他们已为死者装殓，一般的每人给一口40元的棺材，唯独对父亲格外"优待"，给一口70元的棺材。母亲听说这件事以后气极了，愤愤地说："这些牲口，人都叫他们给害了，还假惺惺地给棺材！谁要他的棺材！我们不要，我们自己买！"

朋友们支持母亲的意见，他们发起募捐，很快就把买棺材的钱筹够了。棺材铺的人听说要给惨遭杀害的李大钊买棺材，也对他的遇难表示很同情，特意挑选了一口柏木棺材减价卖给我们，以表示他们对革命先驱者的敬意。

有一位父亲的朋友曾含着眼泪低声对我说："杀害你父亲的不单是张作霖。蒋介石前些天叛变了革命，听说蒋介石给张作霖来了一个电报，使张作霖很快下了毒手。另外，帝国主义也插手参与了这件事，如果不是外国使团同意，张作霖的军警是不能进到东交民巷使馆区搜捕人的。"他还说，绞刑这种残暴的刑法，中国从来也没有过，就连绞架也是从帝国主义那里运来的。

后来，当我翻阅报纸的时候，发现报上有一则消息说："最妙者，是南方某要人也有电来京，主张将所捕党人速行处决，以免后患。"证实了那位老伯的话是确实的，杀害我父亲的，绝不只是张作霖，还有人民公敌蒋介石以及帝国主义侵略者。

父亲牺牲后，在我们朝阳里住宅的大门口，流氓、暗探并没减少，反而增多了。有时甚至公开跑到我们家搜查。我们无法在北京生活下去。我们重新把父亲装殓过，将灵柩暂停在宣武门外的浙寺。母亲带着我和两个弟弟、一个妹妹回到乐亭乡下，哥哥也离开了北京。我们的家庭就这样分散了。

自从父亲入狱一直到他为革命英勇就义，报纸上的报道是非常多的。可是当时我根本不忍心细读这些"消息"。事后翻阅报纸以及从一些消息灵通的朋友那里，才陆续知道了父亲在狱中的一些详细情况。

报上说，父亲在狱中十几日"绝口不提家事"，联想到父亲在法庭上见到我们时的那种冷漠而毫不留恋的态度，我相信这话是真的。尽管当时对父亲的这种冷淡我做梦也没想到，但在事后还是非常能够理解我所敬爱的父亲。他永远爱我们，可是在他坚强的心中，革命事业所占的位置，却要比妻子、儿女、个人的安危重一千倍！重一万倍！

报上还登载了父亲在审讯中要求亲自审阅和修改他的"供词"记录的事。关于他为什么要修改"供词"，父亲的同志和朋友对我说过，而且对他的态度非常称赞。他们说：父亲在被捕后曾多次被审讯，受尽了敌人的严刑折磨，但他绝不低头，表现了共产党人的崇高气概。敌人审讯他时所记录的供词多半与他的原意不符，为了不使自己的话被敌人歪曲篡改，他坚决要求亲自审阅和修改他们的全部记录。他在亲笔写的"供词"中，历历叙述了他一生为挽救国家和民族危亡，为解放天下劳苦大众而英勇斗争的经历。当时正是第一次国共合作时期，父亲是北方共产党和国民

235

党的负责人；但当时共产党同国民党在组织上的界限十分清楚，两个机关走一个大门，相隔不远，但人员要严守纪律，彼此不能往来。早在工友阎振山被捕前，父亲就把我党的文件、名单都烧掉了，这是我亲眼看到的。敌人把从庚子赔款委员会搜查出来的国民党中央政治委员会的印章等也都当作共产党的罪证公布。父亲在他的"供词"中，利用他在国民党中的公开身份，机智地隐蔽了我党的机密，严守了党的纪律，没有半点损伤共产党人荣誉的地方。

父亲和他的战友们英勇就义时，父亲是第一个走上刑台的。他从容、镇静，面不改色，临刑前还同敌人进行了一场激烈的斗争。面对反动法官、刽子手，父亲大义凛然，作了最后一次简短的、慷慨激昂的演说。他说："不能因为你们绞死了我，就绞死了共产主义！我们已经培养了很多同志，如同红花的种子，撒遍各地！我们深信，共产主义在世界在中国必然要得到光荣的胜利！"反动政府把父亲视为"罪魁祸首"，对他怕得要死，恨得要命。为了延长他的痛苦，刽子手们对他施绞刑长达40分钟之久，比其他人每人用20分钟长一倍。和父亲同时壮烈牺牲的烈士中有共产党人，也有国民党左派，共有19人，他们是：谭祖尧、邓文辉、路友于、张艳兰（女）、谢伯俞、莫同荣、姚彦、张伯华、李银连、杨景山、范鸿劼、谢承常、奠华、阎振山、李昆、吴平地、陶永立、郑培明、方伯务。

父亲的英雄形象，他的坚强不屈的革命精神永远铭刻在我的脑际，深深地教育着我。反动军阀、人民公敌蒋介石以及帝国主义者镇压中国人民的血海深仇，我们永远不能忘记。可是，万恶的“四人帮”，为了篡党夺权大造反革命舆论，为其“老干部都是民主派”“民主派就是走资派”的反革命政治纲领寻找根据，竟信口雌黄，污蔑我的父亲是“资产阶级民主派”，甚至毫无根据地也要把他打成“叛徒”，并推倒了他的墓碑。① 我也万万没有想到，我国革命在党和毛主席的领导下，取得了辉煌的伟大胜利之后，我们一家人反遭到了林彪、“四人帮”的残酷迫害，使我又经历了半个世纪以前在反动派统治下同样悲惨的命运，我的身体也遭到严重摧残，双目失明。我们纪念革命先烈，必须深揭狠批王、张、江、姚“四人帮”的阴谋和罪行，必须认真肃清其流毒，才能发扬我党优良传统，继承毛主席、周总理老一辈无产阶级革命家的遗志，为根本改变我国的落后面貌，把我国建成现代化的伟大社会主义强国作出应有的贡献。

1978 年 11 月 11 日

（原载北京市政协编：《文史资料选编》第 1 辑，北京出版社 1979 年版，原标题为《光荣牺牲——回忆我父亲李大钊烈士被捕的前前后后》）

---

① 李大钊烈士 1927 年 4 月 28 日牺牲后，灵柩在宣武门外浙寺停了 6 年，于 1933 年 4 月 23 日葬于西山万安公墓。“文化大革命”中，由于“四人帮”的造谣诬蔑和法西斯暴行，他的墓碑被推倒；不久，又由群众把墓碑扶起来。

附　录

1. 纪念陈独秀诞辰一百四十周年

中共中央党史和文献研究院第二研究部

【编者按】今年是陈独秀诞辰一百四十周年，我们发表中共中央党史和文献研究院第二研究部撰写的《纪念陈独秀诞辰一百四十周年》一文，以志纪念。

2019年10月9日，是陈独秀诞辰一百四十周年纪念日。早在新中国成立前，毛泽东就在不同场合多次讲过要正确评价陈独秀。他说："对陈独秀应该承认他对中国共产党和中国人民是有功劳的"，"将来我们修中国历史，要讲一讲他的功劳"。2013年10月21日，习近平总书记在欧美同学会成立100周年庆祝大会上的讲话中指出："历史不会忘记，陈独秀、李大钊等一批具有留学经历的先进知识分子，同毛泽东同志等革命青年一道，大力宣传并积极促进马克思列宁主义同中国工人运动相结合，创建了中国共产党,使中国革命面貌为之一新。"值此陈独秀诞辰一百四十周年之际,"讲一讲他的功劳",总结他的功绩和教训,是十分必要的,也是具有现实意义的。

一、新文化运动的精神领袖

陈独秀出生于 1879 年 10 月 9 日,字仲甫,安徽怀宁人。17 岁时考中秀才,次年应江南乡试落第。18 岁撰文《扬子江形势论略》。1898 年维新变法和 1900 年八国联军对中国的侵略,使他受到很大震动。1901 年至 1915 年,先后 5 次东渡日本求学或避难,接受资产阶级民主主义思想。1902 年参与成立东京青年会。1902 年至 1903 年间先后 3 次举办爱国演说会。1903 年,陈独秀回国在安庆筹建安徽爱国会,因被清廷察觉,又到上海帮助章士钊主办宣传革命的刊物《国民日日报》。1904 年回安徽创办《安徽俗话报》,这是最早使用白话文进行通俗宣传的报刊之一。1905 年在芜湖组织安徽第一个具有军事色彩的革命组织岳王会。1911 年辛亥革命后,陈独秀任安徽都督府秘书长,并参加 1913 年反对袁世凯的"二次革命"。这个时期,陈独秀成为安徽地区民主革命的领军人物,成为中国近代史上一位很有声望的革命前驱者。他虽然没有加入孙中山领导的同盟会,但他是辛亥革命的积极参加者,这对他后来由激进民主主义者转变为马克思主义者有着重要意义。

辛亥革命失败的教训促使人们对如何学习西方的民主政治制度进行反思。先进的中国人认识到，在中国，仅仅靠西方政治制度的移植是走不通的。要从根本上改造中国，还要有文化的觉醒和思想的启蒙。陈独秀最先吹响思想启蒙的号角，被毛泽东誉为"思想界的明星"。

1915年9月，陈独秀在上海创办《青年杂志》（翌年改名为《新青年》），新文化运动由此发端。初期新文化运动的基本内容是：提倡民主和科学，反对专制和迷信；提倡个性解放，反对封建道德；提倡新文学，反对旧文学。新文化运动提出两大基本口号，一曰民主，二曰科学，即德先生（Democracy）和赛先生（Science）。陈独秀大声疾呼："国人而欲脱蒙昧时代，羞为浅化之民也，则急起直追，当以科学与人权并重。"他明确宣告：我们现在认定只有这两位先生，可以救治中国政治上、道德上、学术上、思想上一切的黑暗。陈独秀由此成为新文化运动的精神领袖和进步思想界的代表人物。毛泽东说过：中国"科学思想不发达"，"名为共和，实则专制"，"不晓得民主究竟是甚么的结果"，陈独秀"平日所标揭的，就是这两样"。

以《新青年》出版为标志兴起的新文化运动，形成一场前所未有的思想启蒙运动和空前深刻的思想解放运动，有力打击和动摇了长期以来封建思想的统治地位，唤醒了一代青年。深受《新青年》影响的青年人，有不少后来成为中国革命事业的中坚骨干。

比陈独秀小 14 岁的毛泽东，当时正在湖南省立第一师范学校读书。后来他对美国记者埃德加·斯诺这样谈到《新青年》："我在师范学校学习的时候，就开始读这个杂志了。我非常钦佩胡适和陈独秀的文章。他们代替了已经被我抛弃的梁启超和康有为，一时成了我的楷模。"新文化运动为适合中国社会需要的新思潮特别是马克思主义在中国的传播，创造了有利条件。

二、五四运动的总司令

1917 年 1 月，北京大学校长蔡元培聘请陈独秀为文科学长。《新青年》编辑部随之移至北京，由一人主编改为同人刊物，并成立编委会。编委们聚会的地点常常是箭杆胡同 9 号陈独秀的寓所，这里成了新文化运动的指挥部。北京大学也成为当时中国思想界最活跃的阵地。

1918 年 12 月，陈独秀、李大钊创办针砭时政的战斗性刊物《每周评论》，与《新青年》相互配合，协同作战。《每周评论》猛烈抨击封建军阀统治，揭露日本在中国东北和山东攫取权益的侵略行径，号召人民奋起抗争，成为新文化运动的又一块宣传阵地。

1917 年 11 月 7 日，俄国十月社会主义革命取得胜利，建立了人类历史上第一个社会主义国家，开创了人类历史的新纪元，为世界被压迫民族被压迫人民树立了榜样，指明了方向。陈独秀以极大的热情讴歌俄国十月革命。1918 年 3 月，他明确表示："二十世纪俄罗斯之共和，前途远大，其影响于人类之幸福与文明，将在十八世纪法兰西革命之上，未可以目前政象薄之。"1919 年 4 月，他发表《二十世纪俄罗斯的革命》一文，认为 18 世纪法兰西的政治革命、20 世纪俄罗斯的社会革命，都是"人类社会变动和进化的大关键"。

中国的五四运动是在俄国十月革命影响下发生的。陈独秀指出：十月革命以后，"中国人也受了两个教训：一是无论南北，凡军阀都不应当存在；一是人民有直接行动的希望。五四运动遂应运而生"。

五四运动是中国旧民主主义革命走向新民主主义革命的转折点，在近代以来中华民族追求民族独立和发展进步的历史进程中具有里程碑意义。陈独秀参与和领导了这场运动。1919 年 5 月 4 日，他在《每周评论》第 20 号发表《两个和会都无用》一文，表明对西方资产阶级民主政治的迷信完全破灭，指出，人类真正的幸福"非全世界的人民都站起来直接解决不可"。这无疑对正在兴起的五四爱国运动有着鼓动的作用。

1919 年 5 月 4 日至 6 月上旬，《每周评论》密切关注五四运动发展情况，并连续出版三期"山东问题"特号，全文刊登《北京学界全体宣言》，系统介绍青岛问题的来龙去脉，揭露帝国主义对中国的侵略和北洋政府的卖国行径。

　　陈独秀在《每周评论》上发表系列文章和随感录,号召人民行动起来。他指出:"公理不是能够自己发挥,是要强力拥护的。"中国政治问题"根本救济的方法,只有'平民征服政府'"。他认识到,五四运动与过去任何一次爱国运动不同,它所特有的精神之一是"直接行动",即"对于社会国家的黑暗,由人民直接行动,加以制裁"。1919年6月11日,他直接行动起来,到城南新世界游艺场,向群众散发由他起草的《北京市民宣言》。该宣言提出收回山东主权、罢免卖国官僚、撤销警察机构、市民组织保安队、给予市民集会和言论自由等五条关于内政外交的最低要求,并表明:如果政府不顾市民的愿望,拒绝市民的要求,"我等学生、商人、劳工、军人等,惟有直接行动,以图根本之改造"。在散发传单时,陈独秀遭到逮捕。教育界等团体和社会知名人士纷纷向北京政府提出抗议,要求立即释放陈独秀,并发起营救行动。7月14日,毛泽东在《湘江评论》创刊号上发表《陈独秀之被捕及营救》一文,指明陈独秀的被捕,不但不能损及他的"毫末",并且是"留着大大的一个纪念于新思潮,使他越发光辉远大"。文章最后说:"我祝陈君至坚至高的精神万岁!"北洋军阀政府逮捕陈独秀,不仅未能遏制五四运动的洪流,反而促使社会各界通过各种营救活动广泛了解了陈独秀的反帝爱国行动和主张。9月16日陈独秀获释出狱。李大钊高呼,这是"真理"战胜"强权和威力",这是"光明"的"复启"。

　　五四运动改变了以往只有觉悟的革命者而缺少觉醒的人民大

众的斗争状况，实现了中国人民和中华民族自鸦片战争以来第一次全面觉醒。在五四运动中，涌现出一批为追求民族独立和国家富强而积极探求救国救民真理的先进分子。数十万学生英勇地走在运动的前头，成为运动的先锋；工人阶级登上政治舞台，显示了强大的力量。陈独秀在报刊上发表文章，同许多社团组织和进步青年密切联系，积极指导和推动运动的发展。毛泽东说："在五四运动里面，起领导作用的是一些进步的知识分子。大学教授虽然不上街，但是他们在其中奔走呼号，做了许多事情。"陈独秀"是五四运动时期的总司令，整个运动实际上是他领导的，他与周围的一群人，如李大钊同志等，是起了大作用的"。经过五四运动的洗礼，越来越多的中国先进分子集合在马克思主义旗帜下。以陈独秀、李大钊为代表的一批具有初步共产主义思想的知识分子，很快成为创建中国共产党的发起人。

三、马克思主义的主要传播者和
中国共产党的主要创始人

五四运动后，马克思主义在中国广泛传播并且日益同中国工人运动相结合的过程，就是酝酿、筹备到建立中国共产党的过程。最早酝酿在中国建立共产党的是陈独秀和李大钊。通过对马克思主义的研究和宣传，通过对俄国十月革命经验的学习，通过

247

亲身参加中国工人运动的实践，他们逐步认识到，要用马克思主义改造中国，走十月革命的道路，就必须像俄国那样建立一个无产阶级政党，使其充当革命的组织者和领导者。这时的陈独秀已将关注的主要目光从青年学生转向工农大众，从研究和传播进步思想文化转向建立共产党组织。这是一个重大的转折。

1920年2月，为躲避反动军阀政府的迫害，陈独秀从北京秘密迁移上海。在护送陈独秀离京途中，李大钊同他商讨了在中国建立共产党组织的问题。陈独秀到上海不久，就开始到工人群众中宣传马克思主义。他先到码头工人中了解罢工情况，到中华工业协会等劳动团体做调查。他还约请北京大学进步学生和革命青年深入工人中间，了解工人的状况。3月，他决定将5月1日出版的《新青年》第7卷第6号编辑成《劳动节纪念号》。其中有陈独秀的两篇文章。在《劳动者底觉悟》一文中，他犀利地指出："我以为只有做工的人最有用最贵重"，"社会上各项人，只有做工的是台柱子，因为有他们的力量才把社会撑住"。他运用马克思主义关于劳动创造世界的观点，分析工人的状况和地位，并向他们指明"觉悟"的步骤和本阶级的历史使命。这反映出此时的陈独秀已经能够运用历史唯物主义的方法分析和研究中国的实际问题。在《上海厚生纱厂湖南女工问题》一文中，他运用马克思剩余价值学说，分析资本家对工人创造的剩余价值的掠夺，指出："像现在个人的工业，牺牲了无数的穷苦工人，利益都集中到少数的资本家个人手里"，"这实在是清平世界里不可赦的罪恶!"。4月中旬，他联合七个工界团体筹备召开世界劳动节纪念大会，并在筹备会上发表《劳工要旨》演讲。他受到工界团体的尊敬和拥戴，被推选为筹备会顾问。在他的指导下，上海各业5000多名工人于5月1日举行集会，提出"劳工万岁"等口号，通过《上海工人宣言》。此后，陈独秀主持创办《劳动界》《伙友》等刊物，向工人宣传马克思主义，以启发工人的觉悟，组织真正的工会。8月，他在《劳动界》上发表《真的工人团体》一文，号召工人"自己联合起来，组织真的工人团体"，以求"改进自己的境遇"。

陈独秀在斗争实践和探索中逐步确立了对马克思主义的信仰，并以俄国十月革命为楷模考虑中国的实际问题，实现了由激进民主主义者向马克思主义者的转变。1920年9月，陈独秀发表长文《谈政治》，指出："我承认用革命的手段建设劳动阶级（即生产阶级）的国家，创造那禁止对内对外一切掠夺的政治法律，为现代社会第一需要。"这些言论和行动表明，他已经把立足点移到无产阶级一边，已经站到马克思主义的立场上来。11月7日，他在《共产党》月刊第1号发表《短言》，旗帜鲜明地表示要跟着俄国共产党走。他说："要想把我们的同胞从奴隶境遇中完全救出，非由生产劳动者全体结合起来，用革命的手段打倒本国外国一切资本阶级，跟着俄国的共产党一同试验新的生产方法不可。"

陈独秀、李大钊等在传播马克思主义、发动和组织工人过程中，积极开展建党工作。1920年5月，陈独秀在上海发起成立马克思主义研究会。该会同3月李大钊主持成立的北京大学马克思学说研究会一起，从上海、北京分别向各地辐射，先后同湖北、湖南、浙江、山东、广东、天津和海外一批受过五四运动影响的先进分子建立联系，促进了马克思主义的广泛传播。6月，陈独秀同李汉俊、俞秀松等人开会商议，决定成立党组织，起草了党的纲领草案十条，其中包括运用劳工专政、生产合作等手段达到社会革命的目的。关于党的名称，陈独秀征求李大钊的意见。李大钊主张定名为"共产党"，陈独秀表示同意。

经过一段时间的准备，在陈独秀主持下，1920年8月，上海共产党早期组织在法租界老渔阳里2号新青年编辑部正式成立，取名"中国共产党"。这是中国的第一个共产党早期组织，其成员主要是马克思主义研究会的骨干，陈独秀为书记。11月，陈独秀同共产党早期组织成员拟定《中国共产党宣言》，指出"共产主义者的目的是要按照共产主义者的理想，创造一个新的社会"。为达此目的，就要"组织一个革命的无产阶级的政党——共产党。共产党将要引导革命的无产阶级去向资本家争斗，并要从资本家手里获得政权——这政权是维持资本家的国家的；并要将这政权放在工人和农人的手里，正如一九一七年俄国共产党所做的一样"。上海共产党早期组织通过写信联系、派人指导或具体组织等方式，积极推动北京、武汉、长沙、广州、济南，以及旅日、旅法华人中的共产党早期组织的建立，实际上起了中国共产党发起组的作用。在各地共产党早期组织积极推动下，在共产国际帮助下，中国共产党的成立提上日程。

1921 年 7 月 23 日，中国共产党第一次全国代表大会在上海召开，最后一天的会议转移到浙江嘉兴南湖举行。中共一大宣告中国共产党正式成立，中国历史由此掀开崭新一页。陈独秀当时在广州，未出席中共一大。他向大会提出关于组织与政策的四点书面意见，要求在讨论党纲党章时予以注意。这四点意见，一是"培植党员"，二是"民权主义之指导"，三是"纪纲"，四是"慎重进行征服群众政权问题"。考虑到党员数量少及地方组织尚不健全，中共一大决定暂不成立中央执行委员会，只设立中央局作为中央临时领导机构。在陈独秀缺席的情况下，大会选举他担任中央局书记。

中国共产党是马克思列宁主义与中国工人运动相结合的产物，陈独秀为促进两者结合并建立中国共产党作出了杰出贡献，是中国共产党的主要创始人之一。对此，毛泽东曾指出："五四运动替中国共产党准备了干部。那个时候有《新青年》杂志，是陈独秀主编的。被这个杂志和五四运动警醒起来的人，后头有一部分进了共产党，这些人受陈独秀和他周围一群人的影响很大，可以说是由他们集合起来，这才成立了党。""他创造了党，有功劳。"陈独秀作为中国早期马克思主义主要传播者和中国共产党主要创始人之一的巨大功绩，是不可磨灭、永载史册的。

四、中国共产党早期的主要领导人

中共一大之后，陈独秀辞去广东省教育委员会委员长一职，到上海主持中共中央的工作。

以陈独秀为首的中共中央，对中国共产党成立初期革命运动的开展、反帝反封建民主革命纲领的制定，对推动 1924 年至 1927 年的大革命运动，特别是建立国共合作、领导五卅运动和上海工人三次武装起义、反对国民党新老右派的斗争和批判戴季陶主义等，发挥了重要的领导和指导作用。从中共一大到五大，陈独秀一直是党的最高领导人，中共二大民主革命纲领的制定，中共三大国共合作方针的确定，中共四大关于无产阶级在民主革命中领导权问题和工农联盟问题的提出，等等，他都起了无可替代的作用。

陈独秀在探索中国革命基本问题方面，也有自己的思考和贡献。比如，1923 年，他在《向导》杂志上发表《我们要何种势力管理中国？》一文，就鲜明提出"农、工、商、学生人民势力"是"中国真正主人翁的势力"的观点，强调"这派势力若终不能集中强固起来管理中国，中国便永远没有救济的希望"。对人民力量的正确认识，充分显示了陈独秀的正确立场和远见卓识。又比如，对于民主革命与社会主义革命之间的联系，中共二大宣言指出："民主主义革命成功了，无产阶级不过得着一些自由与权利，还是不能完全解放。""无产阶级便须对付资产阶级，实行'与贫苦农民联合的无产阶级专政'的第二步奋斗。"至于这第二步奋斗，无产阶级是要经过一个长时期使自己的力量壮大之后才能实行，还是民主革命胜利以后便能够即刻实行，中共二大宣言提出了后一种可能性，指出："如果无产阶级的组织力和战斗力强固，这第二步奋斗是能跟着民主主义革命胜利以后即刻成功的。"这个《宣言》是由陈独秀起草的，在一定程度上反映了这个时期他对民主革命与社会主义革命之间联系的认识。在此前后，陈独秀在文章中也提出过被称为"二次革命论"的观点，但从中共二大宣言看，他也有过民主革命胜利以后即刻实行社会主义革命的设想。由于这时中国共产党刚刚成立不久，缺乏革命斗争经验，对中国半殖民地半封建的复杂国情也缺乏深刻认识，究竟通过怎样的途径和步骤达到社会主义前途，当时的中共中央领导人包括陈独秀还不可能有清楚的认识。

历史表明，在建党及大革命的初期和中期，党的路线基本上是正确的，党员群众和党的干部的积极性是非常高的，因此获得巨大的胜利。对此，陈独秀是有很大功劳的。

大革命后期，当国民党内蒋介石新右派势力随着北伐胜利进军日益膨胀、革命联合战线内部斗争愈演愈烈之际，以陈独秀为首的中共中央面临复杂多变的形势和难以处理的问题。1926年上半年，在处理国民党二大选举、中山舰事件（又称"三二〇事件"）、整理党务案事件中，共产国际认为，共产党如果同国民党新右派进行斗争，必然导致国共关系破裂，因而主张妥协退让。共产国际驻中国代表也坚持这种意见。中国共产党作为共产国际的一个支部，直接受共产国际的领导和指导，必须执行共产国际的指示，使得妥协退让的意见在党内占了上风。陈独秀在大革命危急关头，缺乏对复杂形势的明确判断，不善于处理同国民党的关系，结果当国民党右派彻底叛变之时，共产党措手不及，遭受重大损失。

大革命失败的原因，从客观上讲，一是帝国主义和封建势力的联合力量暂时比革命阵营的力量要强大得多，并且有更多的政治经验；二是国民党背信弃义地对共产党及其领导的工农群众发动突然袭击。从主观上讲，则是陈独秀等人在后期犯了右倾机会主义错误。

应当看到，这时的中国共产党还处在幼年时期，在统一战线、武装斗争和党的建设方面都缺乏经验，对于中国的历史状况和社会状况、中国革命的特点、中国革命的规律都懂得不多，对于马克思列宁主义的理论和中国革命的实践还没有较深刻的了解。因此，党的中央领导机关在一些重大问题上动摇不定，在大革命的后期，受了反革命势力的欺骗，没有能够领导全党采取果断有力的措施，革命遭到失败就难以避免了。

还需要指出的是，共产国际及其代表虽然对大革命起了积极作用，但由于他们并不真正了解中国情况，也作出过许多错误的指示，出过一些错误的主意。幼年的中国共产党，还难以摆脱共产国际的错误领导和指导。这对酿成陈独秀右倾机会主义错误有直接影响。

大革命虽然失败了，但它的历史意义仍是不可磨灭的，实际上是未来胜利的革命斗争的一次演习。通过这场大革命，中国共产党提出的反帝反封建主张成为广大人民的共同呼声，党在群众中的政治影响迅速扩大，党的组织得到很大发展，千百万工农群众在党的领导下组织起来。尤其是通过革命胜利和失败的反复，党经受了深刻锻炼和严峻考验，初步积累了正反两方面经验。所有这一切，为党领导人民把革命斗争推向新阶段准备了条件。

五、离开中共中央领导岗位以后

大革命失败前夕，1927 年 7 月 12 日，根据共产国际执委会的指示，中共中央进行改组，陈独秀从此离开中共中央最高领导岗位。此后，他一面按照中央要求，经常发表一些文笔犀利的杂文，揭露鞭挞国民党的反动统治；一面反省大革命失败的教训，关注当前形势和党的路线、策略。对大革命的失败，陈独秀并不认为自己没有责任，但他认为在许多问题上共产国际的指导是错误的，自己是被迫执行，共产国际应负主要责任。为此，他拒绝赴苏商议问题和参加在莫斯科召开的中共六大。恰逢此时，他获悉，托洛茨基认为斯大林应对中国大革命的失败负责。这一看法，得到陈独秀的认同。1929 年春, 当陈独秀看到托洛茨基论述中国革命的文章时, 引起思想上的共鸣。陈独秀不同意共产国际代表和中共中央领导人关于中国革命形势"不断高涨""是直接革命形势"的观点, 认为革命已处于低潮。他对临时中央政治局提出的建立无产阶级专政、不同其他党派合作的"左"的纲领和策略表示不赞成。这些都是基本正确的。但他对革命形势作了过于悲观的估计, 反对八七会议确定的武装起义方针, 并在中国社会性质和革命性质、任务、道路等问题上反对中共六大路线, 提出了一些错误观点和主张。经过一段时间思考, 他接受托派关于中国革命的理论和策略, 并开始在中国共产党内部组织"左派反对派"。

这些都是党的纪律所不能容许的。1929 年 8 月 13 日, 中共中央发布《关于中国党内反对派问题》的通告。10 月 5 日, 中共中央政治局作出《中央关于反对党内机会主义与托洛茨基主义反对派的决议》, 点名批评陈独秀。11 月 15 日, 中共中央政治局会议作出决定, 把陈独秀、彭述之等人开除出党。12 月 10 日, 陈独秀发表《告全党同志书》。12 月 15 日, 他联合 81 人发表《我们的政治意见书》。到 1931 年 5 月, 成立统一的"中国共产党左派反对派", 陈独秀为书记。由于这个"反对派"的主张完全脱离中国实际, 加之内部派系矛盾很深, 所成立的统一组织很快陷于分裂和瘫痪, 没有在社会上产生重大影响。当后来托洛茨基提出以苏联为轴心、保卫苏联等损害中华民族利益的口号时, 陈独秀开始与其格格不入, 到最后终于与之分道扬镳, 成为一个不隶属于任何党派的人。

1931 年九一八事变后，在国难当头、民族危机空前严重的情况下，陈独秀发表一系列文章，提出反蒋抗日的主张。1931 年 10 月，他在《抗日救国与赤化》《此次抗日救国运动的康庄大路》等文章中，斥责蒋介石依赖国联主持公理不仅是"妄想"，而且是"奴性"表现。他坚决"反对国民党政府在和平谈判的掩盖之下，实行其对帝国主义投降"。陈独秀的诸多言论，表现了他的强烈爱国热忱和坚决抗日态度。

1932 年 10 月，陈独秀在上海被国民党当局逮捕，最后被以"危害民国罪"判处徒刑 13 年。这是他第五次被捕入狱。对于国民党当局罗织的罪名，他回击说："予固无罪，罪在拥护中国民族利益，拥护大多数劳苦人民之故而开罪于国民党已耳。"这是陈独秀对自己最好的辩护，也是他忧国忧民之心的表露。在狱中，国民党政府国防部长何应钦单独面见他并向他求字，他挥毫写下"三军可夺帅，匹夫不可夺志也"。

1937 年全民族抗战爆发后，陈独秀被提前释放出狱。出狱后，他坚持发表抗日演说，写下大量抗日文章。蒋介石请他出任国民党政府劳动部部长，被他拒绝。国民党政府出资 10 万元请他另立党派，遭其痛斥。1938 年 6 月底，陈独秀从汉口乘船溯江而上，于 8 月到达江津居住，直到 1942 年 5 月病逝。尽管陈独秀晚年穷困潦倒，政治上也无地位，但他还是关心时局的进展，为抗战宣传做一些力所能及的事情。他以光明正大和清正廉洁在社会上赢得了尊重和声望。邓小平后来曾说过,陈独秀"不是搞阴谋诡计的"。

纵观陈独秀一生,经历十分复杂,既有早年的辉煌,也有晚年的凄凉。他是那个时代站在中华民族和世界进步潮流前列的人物,对推动中国历史前进作出过重要贡献。他是中国近代历史上特别是中国共产党早期历史上的杰出人物,也因其一生有过许多变化而成为复杂的历史人物。他由一位叱咤风云的革命者、早期的马克思主义者、中国共产党的领袖,转而接受托洛茨基主义,后来虽然脱离托派,但最终没有回到马克思主义的轨道上来。这是他的人生悲剧。在指出陈独秀的错误和悲剧的时候,要看到他的错误有其主观因素和个人责任,更重要的在于有着复杂的社会历史原因;他的悲剧,也有着时代条件的限制和影响。毛泽东说过:"关于陈独秀,将来修党史的时候,还是要讲到他。"今天讲陈独秀,就要把他放在其所处时代和社会的历史条件下去分析,放在历史发展过程中全面认识,不能把历史顺境中的成功简单归功于个人,也不能把历史逆境中的挫折简单归咎于个人。对于陈独秀,要全面、历史、辩证地看待和分析他的功绩和错误,把它们作为历史财富继承下来,使之成为有益于后人不断前进的历史借鉴。这才是历史唯物主义者应有的立场和态度。

(原载《中共党史研究》2019 年第 10 期)

2. 实庵自传

陈独秀

第一章　没有父亲的孩子

休谟①的自传开口便说："一个人写自己的生平时，如果说得太多了，总是不免虚荣的，所以我的自传要力求简短，人们或者认为我自己之擅写自己的生平，那正是一种虚荣；不过这篇叙述

---

① 大卫·休谟（David Hume，1711—1776 年），苏格兰的哲学家、经济学家和历史学家，他被视为是苏格兰启蒙运动以及西方哲学历史中最重要的人物之一。虽然现代对于休谟的著作研究聚焦于其哲学思想上，但他最先是以历史学家的身份成名，他所著的《英格兰史》一书在当时成为英格兰历史学界的基础著作长达 60—70 年，历史学家们一般将休谟的哲学归类为彻底的怀疑主义，但一些人主张自然主义也是休谟的中心思想之一，研究休谟的学者经常分为那些强调怀疑成分的（例如逻辑实证主义）以及那些强调自然主义成分的人。休谟的哲学受到经验主义者约翰·洛克和乔治·贝克莱的深刻影响，也受到一些法国作家的影响，他也吸收了各种英格兰知识分子如艾萨克·牛顿、法兰西斯·哈奇森、亚当·斯密等人的理论。

文字所包含的东西，除了关于我自己著作的记载而外，很少有别的，我的一生也差不多是消耗在文字生涯中，至于我大部分著作之初成功，也并不足为虚荣的对象。"几年以来，许多朋友极力劝我写自传，我迟迟不写者，并不是因为避免什么虚荣；现在开始写一点，也不是因为什么虚荣；休谟的一生差不多是消耗在文字生涯中，我的一生差不多是消耗在政治生涯中，至于我大部分政治生涯之失败，也并不足为虚荣的对象。我现在写这本自传，关于我个人的事，打算照休谟的话"力求简短"，主要的是把我一生所见所闻的政治及社会思想之变动，尽我所记忆的描写出来，作为现代青年一种活的经验，不力求简短，也不滥抄不大有生气的政治经济材料，以夸张篇幅。

写自传的人，照例都从幼年时代说起，可是我幼年时代的事，几乎完全记忆不清了。富兰克林①的自传，一开始便说："我向来喜欢搜集先人一切琐碎的遗事，你们当能忆及和我同住英格兰时，遍访亲戚故旧，我之长途跋涉，目的正在此。"我现在不能够这样做，也不愿意这样做，只略略写出在幼年时代印象较深

---

① 本杰明·富兰克林（Benjamin Franklin, 1706—1790 年），美国科学家、物理学家、发明家、政治家、社会活动家。作为政治家，他是美国建国的创始者、美国独立运动的领导者、民主精神的缔造者、《独立宣言》的起草者；同时，他还是最杰出的科学家、外交家、出版家、作家和社会实业家，他像是"从天上偷窃火种的第二个普罗米修斯"（康德语），成为举世公认的现代文明之父、美国人的象征。富兰克林晚年根据自己的经历写成的《自传》，两个多世纪以来一直是世界出版史上的优秀畅销书，世界各国青年深受其影响，许多人因为这本书改变了自己的人生，走上了成功的道路。

的几件事而已。

第一件事：我自幼便是一个没有父亲的孩子。

民国十年（1921年）我在广东时，有一次宴会席上，陈炯明正正经经问我："外间说你组织什么'讨父团'，真有此事吗？"我也正正经经地回答道："我的儿子有资格组织这一团体，我连参加的资格也没有，因为我自幼便是一个没有父亲的孩子。"当时在座的人们，有的听了我的话，呵呵大笑。有的睁大眼睛看着我，仿佛不明白我说些什么，或者因为言语不通，或者以为答非所问。

我出生几个月，我的父亲便死了，真的，我自幼便是一个没有父亲的孩子。我记得我幼时家在安徽省怀宁县城里，我记得家中有一个严厉的祖父，一个能干而慈爱的母亲，一个阿弥陀佛的大哥。

亲戚本家都绰号我的这位祖父为"白胡爹爹"，孩子们哭时，一说白胡爹爹来了，便停声不敢哭，这位白胡爹爹的严厉可怕便可想见了。这位白胡爹爹有两种怪脾气：一是好洁，二是好静。家中有一角地方有一件桌椅没扫抹干净，我的母亲，我的大姐，便要倒大霉。他不许家中人走起路来有脚步声，我的二姐年幼不知厉害，为了走路有时有脚步声，也不知挨过多少次毒打，便是我们的外祖母到我们家里来，如果不是从他眼前经过，都不得不蹑手蹑脚像做贼的一般走路，因为恐怕他三不知地骂起来，倒不好出头承认是她的脚步声。我那时心中老是有一个不可解的疑问：这位好洁好静的祖父，他是抽鸦片烟的，在家里开灯不算数，还时常要到街上极龌龊而嘈杂的烟馆去抽烟，才算过瘾，那时他好洁好静的脾气哪里去了呢？这一疑问直到半个世纪以后的今天，我才有了解答。第一解答是人有好群性，就是抽大烟，也得集体地抽起来才有趣；然而这一解答还不免浅薄，更精微奥妙的解答，是烧烟泡的艺术之相互欣赏，大家的全意识都沉没在相互欣赏这一艺术的世界，这一艺术世界之外的一切都忘怀了。我这样的解答，别人或者都以为我在说笑话，恐怕只有我的朋友刘叔雅才懂得这个哲学。我从 6 岁到八九岁，都是这位祖父教我读书。我从小有点小聪明，可是这点小聪明却害苦了我。我大哥的读书，他从来不大注意，独独看中了我，恨不得我一年之中把《四书》《五经》都读完，他才称意，《四书》《诗经》还罢了，我最怕的是《左传》，幸亏这位祖父或者还不知道"三礼"的重要，否则会送掉我的小性命。我背书背不出，使他生气动手打，还是小事；使他最生气，气得怒目切齿几乎发狂，令人可怕的，是我无论挨了如何毒打，总一声不哭，他不止一次愤怒而伤感地骂道："这个小东西，将来长大成人，必定是一个杀人不眨眼的凶恶强盗，真是家门不幸！"我的母亲为此不知流了多少眼泪，可是母亲对我并不像祖父那样悲观，总是用好言劝勉我，说道："小儿，你务必好好用心读书，将来书读好了，中个举人替你父亲争口气。你的父亲读书一生，未曾考中举人，是他生前一桩恨事！"我见了母亲流泪，倒哭出来了，母亲一面替我揩眼泪，一面责备我道："你这孩子真淘气，爹爹那样打你，你不哭，现在倒无端地哭了！"母亲的眼泪比祖父的板子着实有权威，一直到现在，我还是不怕打，不怕杀，只怕人对我哭，尤其妇人哭，母亲的眼泪，是叫我用功读书之强有力的命令。我们知道打着不哭的孩子很多，后来虽不一定有出息，也不定做强盗。祖父对我的预料，显然不符合，我后来并没有做强盗，并且最厌恶杀人。我以为现时代还不能免的战争，即令是革命战争中的杀人，也是残忍的野蛮的事，然而战争还有进步的作用；其余的杀人，如政治的暗杀，法律的宣告死刑，只有助长人们的残忍与野蛮性，没有一点好影响，别的杀人更不用说了。

父亲的性格，我不大知道。母亲之为人，很能干而疏财仗义，好打抱不平，亲戚本家都称她为女丈夫；其实她本质还是一个老好人，往往优容奸恶，缺乏严肃坚决的态度。据我所记忆的有两件事，可以充分表现出她这一弱点。

有一位我祖父辈的本家，是我们族里的族长，怀宁话称为"户尊"，在派水乡地方上是一位颇有点名望的绅董，算得一位小小的社会栋梁。我的母亲很尊敬他，我们小辈更不用说了。有一年（大约是光绪十二年前后），大水冲破了广济坪，全渌水乡（怀宁东乡）都淹没了，这位族长哭丧着脸向我母亲诉说乡民的苦痛之后，接着借钱救济他的家属，我母亲对他十分恭敬，然而借钱的事却终于不曾答应。族长去后，我对母亲说："我们家里虽然穷，总比淹水的人家好些，何以一个钱不借给他呢？"母亲皱着眉头一言不发。我知道母亲的脾气，她不愿说的话，你再问也是枉然，我只在心中纳闷道：母亲时常当衣借钱济人之急，又时常教训我们，不要看不起穷人，不许骂叫花子。为什么今天不肯借钱给淹水的本家并且她一向尊敬的族长呢？事隔五六年，我才从许多人口中渐渐知道了这位族长的为人。族中及乡邻有争执的事，总得请他判断是非曲直，他于是非曲直的判断，很公平地不分亲疏，一概以所得鸡、米、烟土或老本洋多少为标准，因此有时他的亲戚本家会败诉，外人反而胜利，乡间人都称赞这位绅董公正无私！他还有一件事值得舆论称赞，就是每逢修坪放赈，他比任何的都热心，无论严寒酷暑，都忙着为大众奔波尽义务，凡他所督修的坏工，比别人所担任一段都更不坚固，大概他认为如果认真按照原定的工料做好，于他已是一种损失，失了将米放赈的机会，又是一种损失，这未免自己太对不住自己了！至此我才明白母亲皱眉不语的缘故，是因为她已经深知这位族长之为人，然而她仍然恭敬他，这岂不是她的弱点吗？

还有这族长手下用的一位户差（户差的职务，是奉行族长命令，逮捕族中不法子孙到同堂处罚）。同时又是一位阴差（阎王的差人），他常常到我们家里来，说他在阴间会见了我们的祖先，我们的祖先没有钱用，托他来要钱买钱纸银锭烧给他们，我的母亲很恭敬地款待他，并且给钱托他代买钱纸银锭，不用说那钱纸银锭是烧给这位当阴差先生了，这位阴差去后，母亲对我们总是表示不信任他的鬼话。有一天，他又来到我们家里过阴，大张开嘴打了一个呵欠，直挺挺地倒在床上，口中喃喃说胡话，谁也听不清楚他说些什么，大概是酆都城的土话罢！是我气他不过，跑去约了同屋及近邻十多个孩子，从前后门奔进来，同声大喊某处失了火，这位阴差先生顿时停止了声响，急忙打了一个小小呵欠便回到阳间来了，闭着眼睛问道：“这边有了火烛了罢？”我的母亲站在床边微笑着答道：“是的！”他接着说：“这可不错罢，我在那边就知道了。”我在旁边弯着腰，缩着颈脖子，用小手捂着嘴，几乎要大笑出来，母亲拿起鸡毛帚子将我赶走得很远，强忍着笑，骂道：“你这班小鬼！”但她还是恭恭敬敬用酒肉款待这位阴差爹爹，并且送钱托他买钱纸银锭，这便是我母亲优容奸恶之又一事实。

有人称赞疾恶如仇，有人批评我性情暴躁，其实我性情暴躁则有之，疾恶如仇则不尽然。在这方面，我和我的母亲同样缺乏严肃坚决的态度，有时简直是优容奸恶，因此误过多少大事，上过多少恶当，至今虽然深知之，还未必痛改之，其主要原因固然由于政治上之不严肃、不坚决，而母亲的性格之遗传，也有影响罢。

幸而我母亲崇重科举的思想，我始终没有受到影响。这件事我们当然不应该苛责前一辈的人，尤其是不曾受过新旧任何教育的妇人。

因为在那一时代的社会，科举不仅仅是一虚荣，实已支配了全社会一般人的实际生活，有了功名才能做大官（那时捐班出身的官，人们还不大瞧得起，而且官也做不大，大官必须正途出身，洋博士那时还未发明），做大官才能发大财，发了财才能买田置地，做地主（那时存银行和做交易所生意，也还未发明），盖大屋（并非洋房），欺压乡农，荣宗耀祖。那时人家生了儿子，恭维他将来做刚白度（即买办）的，还只有上海十里洋场这一块小地方，其余普遍的吉利话，一概是进学、中举、会进士、点状元。婆婆看待媳妇之厚薄，全以儿子有无功名和功名大小为标准，丈夫有功名的公婆便捧在头上，没有功名的连佣人的气都得受。贫苦农民的儿子，举人、进士、状元不用说，连秀才的好梦都不敢做，用尽九牛二虎之力，供给儿子读几年书，好歹能写出百而八十字，已经算是才子，如果能够跟着先生进城过一次考试，胡乱写几百字交了卷，哪怕第一场就榜上无名，回家去也算得出人头地。穷凶极恶的地主们，对这一家佃户便另眼看待，所以当时乡间有这样两句流行的谚语："去到考场放个屁，也替祖宗争口气。"农民的儿子如果考取了秀才，便是一步登天，也就是立了将来做土豪劣绅的基础，一生吃着不尽。所以无论城乡，屡考不中的人们，往往埋怨祖坟的风水不好，掘出尸骨来改葬，这便是那班圣人之徒扬名显亲的孝道。在这样的社会空气中，在人们尤其是妇女的头脑里面，科举当然是一件神圣事业了。

我的母亲虽然没有受过任何教育，当时传统的"忠孝节义"之通俗教育标语，她是知道的。我很感谢她从来不曾拿这些标语教育我们，她对于我们之教育，是考科举，起码也要中个举人，替父亲争气。当大哥考取了秀才时，母亲很高兴，而我却一则以喜，一则以惧，喜的是母亲高兴，惧的是学八股文章和应考的灾难，要临到我身上来了！

自从祖父死后，经过好几个塾师，我都大不满意，到了十二三岁时，由大哥教我读书，大哥知道我不喜欢八股文章，除温习经书外，新教我读《昭明文选》。初读时，我也有点头痛，后来渐渐读出味道来了，从此更加看不起八股文，这件事使我阿弥陀佛的大哥夹在中间很为难，一面受了母亲的严命，教我习八股，预备应考，一面他知道我不喜欢这一套。一直到光绪二十二年（1896 年），我已经 17 岁了，在县考前一两个月，大哥实在挨不过去了，才硬着头皮对我说："考期已近了，你也得看看八股文章罢！"我当时一声不响。他知道我的脾气，不做声并非反对，而是承认。他高高兴兴地拿出合于小考格式的路德的文章为我讲解，我表面上是在听他的讲解，心里还是想着我的《昭明文选》，不久大哥也看出路德的文章太不合我的口味。于是再拿出金黄和袁枚的制艺给我看，我对于这几个人的文章虽然有点兴趣，而终于格格不入，他对于这位难说话的弟弟，实在无法可想，只好听其自然了。大哥虽然十分忠厚老实，我猜想他此时急则智生，必然向母亲做了一个虚伪的报告，说我如何用心学八股文，那是在这期间母亲喜悦的面容中可以看出的。像我那样的八股文程度，县考、府考自然名次都考得很低，到了院试，宗师（安徽语称学院为宗师）出的题目是什么"鱼鳖不可胜食也材

267

木……"的截搭题，我对于这样不通的题目，也就用不通的文章来对付，把"文选"上所有鸟兽草木的难字和《康熙字典》上荒谬的古文，不管三七二十一，牛头不对马嘴上文不接下文地填满了一篇皇皇大文，正在收拾考具要交卷，那位山东大个儿的李宗师亲自走过来收取我的卷子（那时我和别的几个人，因为是幼童和县、府试录取第一名，或是经古考取了提堂，在宗师案前面试，所以他很便当地亲自收取卷子，我并不是考幼童，县、府试也非第一名，一人场看见卷面上印了提堂字样，知道经古已经考取了，不用说这也是昭明太子帮的忙），他翻开我的卷子大约看了两三行，便说："站住，别慌走！"我听了着实一吓，不知闯下了什么大祸。他略略看完了通篇，睁开大眼睛对我从头到脚看了一遍，问我十几岁，为啥不考幼童？我说童生今年17岁了。他点点头说道："年纪还轻，回家好好用功，好好用功。"我回家把文章稿子交给大哥看，大哥看完文稿，皱着眉头足足有个把钟头一声不响，在我应考本来是敷衍母亲，算不得什么正经事，这时看见大哥那种失望的情形，却有点令我难受。谁也想不到我那篇不通的文章，竟蒙住了不通的大宗师，把我取了第一名，这件事使我更加一层鄙薄科举。捷报传来，母亲乐得几乎掉下眼泪。"眼皮子浅"这句批评，怀宁人自己也承认，人家倒了霉，亲友邻舍们，照例总是编排得比实际倒霉要超过几十倍；人家有点兴旺，他们也要附会得比实际超过几十倍。我们这一门姓陈的，在怀宁本是一个小户人家，绅士们向来是瞧不起的，全族中到我的父亲时才有一个秀才,叔父还中了举,现在看见我们弟兄又都是青年秀才。不但另眼相看,而且造出许多神话,说我们家的祖坟是如何如何好风水,说城外迎江寺的定塔是陈家祖坟前一管笔,说我出世的前夜,我母亲做过什么什么梦,诸如此类,不一而足。他们真想不到我后来接二连三做了使他们吓破了胆的康党、乱党、共产党,而不是他们所想象的举人、进士、状元郎。最有趣的是几家富户,竟看中了我这没有父亲的穷孩子,争先恐后地托人向母亲问我可曾定亲。这就是我母亲大乐而特乐的社会原因。母亲快乐,我自然很高兴;所害怕的,来年江南乡试的灾难,又要临到我身上来了!

第二章　江南乡试

江南乡试是当时社会上一件大事,虽然经过了中日甲午战败,大家仍旧在梦中。我那时所想象的灾难,还远不及后来在考场中所经验的那样厉害;并且我觉得这场灾难是免了的,不如积极地用点功,考个举人以了母亲的心愿,以后好让我专心做点正经学问。所以在那一年中,虽然多病,也还着实准备了考试的工夫,好在经义和策问,我是觉得有点兴趣的,就是八股文也勉强研究了一番。至于写字,我喜欢临碑帖,大哥总劝我学馆阁体,我心里实在好笑,我已打定主意,只想考个举人了事，决不愿意再上进，习那讨厌的馆阁字做什么！我们弟兄感情极好，虽然意见是没有一件事不冲突，没有一件事依他的话做，而始终总保持看温和态度，不肯在口头上反驳他，免得伤了手足的感情。

大概是光绪二十三年（1897 年）七月罢，我不得不初次离开母亲，初次出门到南京乡试了。同行的人们是大哥、大哥的先生、大哥的同学和先生的几位弟兄，大家都决计坐轮船去，因为轮船比民船快得多。那时到南京乡试的人，很多愿意坐民船，这并非保存国粹，而是因为坐民船可以发一笔财，船头上扯起一条写着"奉旨江南乡试"几个大字的黄布旗，一路上的关卡，虽然明明知道船上装满着私货，也不敢前来查问，比现在日本人走私或者还威风凛凛。我们一批人，居然不想发这笔横财，可算得是正人君子了！我们这一批正人君子，除我以外，都到过南京乡试的，只有我初次出门，一到南京，看见仪凤门[①]那样高大的城门，真是乡下佬上街，大开眼界，往日以为可以骄傲的省城——周围 9 里 13 步的安庆城，此时在我的脑中陡然变成一个山城小市了。我坐在驴子背上，一路幻想着，南京城内的房屋街市不知如何繁华美丽，又幻想着上海的城门更不知如何的高大，因为曾听人说上海比南京还要热闹多少倍。进城一看，使我失望了，城

---

① 仪凤门位于南京城北，今称兴中门。在卢龙山（即狮子山）南与绣球山之间，建于洪武初年，据称太平军攻打南京城就是从此门附近挖地道埋炸药的。1931 年国民政府改为此名，由谭延闿题写城门名——编者。

北几条大街道之平阔，诚然比起安庆来在天上，然而房屋却和安庆一样的矮小破烂，城北一带的荒凉，也和安庆是弟兄，南京所有的特色，只是一个"大"，可是房屋虽然破烂，好像人血堆起来的洋房还没有；城厢内外唯一的交通工具只有小驴子，跑起路来，驴子头间一串铃铛的"丁零当啷"声，和4个小蹄子的"得得"声相应和着，坐在驴背上的人，似乎都有点诗意。那时南京用人拖的东洋车、马车还没有，现在广州人所讥讽的"市虎"，南京人所诅咒的"棺材"和公共汽车更不用说；城南的街道和安庆一样窄小，在万人哭声中开辟的马路也还没有；因为中日甲午战争后付了巨额的赔款，物价已日见高涨，乡试时南京市的人口，临时又增加了一万多，米卖到七八十钱一升，猪肉卖到一百钱一斤，人们已经叫苦，现在回想起来，那时南京市人的面容，还算是自由的、快活的。至少，人见着人，还不会相互疑心对方是扒手或是暗探，这难道是物质文明和革命的罪恶吗？不是，绝对不是，这是别有原因的。

我们这一批正人君子，到南京的头一夜，是睡在一家熟人屋里的楼板上。第二天一早起来，留下3个人看守行李，其余都出去分途找寓处。留下的3个人，第一个是大哥的先生，他是我们这一批正人君子的最高领袖，当然不便御驾亲征，失了尊严；第二个是我大哥，因为他不善言辞；我这小小人自然更不胜任；就是留下看守行李的第三个。午后寓处找着了，立刻搬过去，一进屋，找房子的几个正人君子，全大睁着眼睛，你看看我，我看看你，异口同声地说："这屋子又贵又坏，真上当!"我听了真莫名其妙，他们刚才亲自看好的房子，怎么忽然觉得上了当呢？过了三四天，在他们和同寓中别的考生谈话中间，才发现了上当的缘故。原来在我们之先搬来的几位正人君子，来找房子的时候，大家也明明看见房东家里有一位花枝招展的大姐儿，坐在窗口做针线，等到一搬进来，那位仙女便化做一阵清风不知何处去了。后来听说这种美人计，乃是南京房东招揽考先生的惯技，上当的并不止我们这几位正人君子，那些临时请来的仙女，有的是亲眷，有的是土娼。考先生上当的固然很多，房东上当也不是没有。如果他们家中真有年轻的妇女，如果他们不小心把咸鱼、腊肉挂在厨房里或屋檐下，此时也会不翼而飞；好在考先生都有"读书人"这张体面的护符，奸淫窃盗的罪名，房东哪敢加在他们身上！他们到商店里买东西，有机会也顺带一点藏在袖子里，店家就是看见了也不敢声张，因为他们开口便说："我们是奉着皇帝圣旨来乡试的，你们侮辱我们做贼，便是侮辱了皇帝!"天高皇帝远，他们这几句大话，未必真能吓倒商人，商人所最怕的还是他们人多，一句话得罪了他们，他们便要动野蛮，他们一和人打架，路过的考先生，无论认识不认识，都会上前动手帮助，商人知道他们上前帮着打架还不是真正目的，在人多手多的混乱中，商人的损失可就更大了，就是闹到官，对于人多势大的考先生，官也没有办法。南京每逢乡试，临时增加1万多人，平均一人用50元，市面上有50万元的进账，临时商店遍城南到处都有，特别是状元境①一带，商人们只要能够赚钱，受点气也就算不了什么。这班文武双全的考先生，唯有到钓鱼巷②嫖妓时，却不动野蛮，只口口声声自称寒士，商请妓家减价而已，他们此时或者以为必须这样，才不失读书人的斯文气派！

我们寓处的房子，诚然又坏又贵，我跟着他们上当，这还是小事，使我最难受的要算是解大手的问题，现在回想起来还有点头痛。屋里没有茅厕，男人们又没有用惯马桶，大门外路旁空地，便是解大小手的处所，我记得那时南京稍微偏僻一点的地主，差不多每个人家大门外两旁空地上，都有一堆一堆的小小"金字塔"，不仅我们的寓处是如此。不但我大哥，就是我们那位老夫子，本来是个道学先生，开口孔孟，闭口程朱，这位博学的老夫子，不但读过几本宋儒的语录，并且还知道什么"男女有别""男女授受不亲"的礼教，他也是天天那样在路旁空地上解大手。有的妇女在路上走过，只好当作没看见。同寓的有几个荒唐鬼，在高声朗诵那礼义、廉耻、正心、修身的八股文章之余暇，时到门前探望，远远发现有年轻的妇女姗姗而来，他便扯下裤子登下去解大手。好像急于献宝似的，虽然他并无大手可解。我总是挨到天黑才敢出去解大手，因此有时踏了一脚屎回来，已

---

① 状元境，路名。位于南京秦淮区夫子庙秦桧府所在地，因秦桧父子均号取状元而得名。原称秦状元境，因秦桧害死精忠报国的岳飞，故秦字被老百姓去掉而称之。现南京秦淮区夫子庙状元楼酒店，即状元境9号。

② 钓鱼巷，南京首楼史（即金陵十三钗）发祥地，清乾嘉后妓女由分散变为群居于妓院，即在秦淮区夫子庙地段。此巷民国建归初非常繁荣，现仍名钓鱼巷。

经气闷,还要受别人的笑骂,骂我假正经,为什么白天不去解手,如今踏了一屎回来,弄得一屋子的臭气!"假正经"这句话,骂得我也许对,也许不对,我那时不但已解人事,而且自己戕贼得很厉害,如果有机会和女人睡觉,大约不会推辞,可是像那样冒冒失失地对一个陌生的女子当街献宝,我总认为是太无聊了。

到了八月初七日,我们要进场考试了,我背了考篮、书籍、文具、食粮、烧饭的锅炉和油布,已竭尽了生平的气力,若不是大哥代我领试卷,我便会在人丛中挤死。一进考棚,三魂吓掉了二魂半,每条十多丈长的号筒,都有几十或上百个号舍,号舍的大小仿佛现时警察的岗棚,然而要低得多,长个子站在里面是要低头弯腰的,这就是那时科举出身的大老以尝过"矮屋"滋味自豪的"矮屋"。矮屋的三面七齐八不齐的砖墙,当然,里外都不曾用石灰泥过,里面蜘蛛网和灰尘是满满的,好容易打扫干净。坐进去拿一块板安放在面前,就算是写字台,睡起觉来,不用说就得坐在那里睡。一条号筒内,总有一两间空号,便是这一号筒的公共厕所,考场的特别名词叫作"屎号",考过头场,如果没有冤鬼缠身,不曾在考卷上写出自己缺德的事,或用墨盒泼污了试卷被贴出来,二场进去,如果不幸座位编在"屎号",3天饱尝异味,还要被人家议论是干了亏心事的果报。那一年南京的天气,到了8月中旬还是奇热,大家都把带来的油布挂起遮住太阳光。号门都紧对着高墙,中间是只能容一个半人来往的一条长巷,上面露着一线天,大家挂上油布之后,连这一线天也一线不露了，空气简直不通，每人都在对面墙上挂起烧饭的锅炉，大家烧起来饭，再加上赤日当空，那条长巷便成了火巷，煮饭做菜，我一窍不通，3 场 9 天，总是吃那半生不熟或煨成的挂面。有一件事给我的印象最深。考头场时，看见一位徐州的大胖子，一条大辫子盘在头顶上，全身一丝不挂，脚踏一双破鞋，手里捧着试卷，在如火的长巷中走来走去，走着走着，上下大小脑袋左右摇晃着，拖长着怪声念他那得意的文章，念到最得意处，用力把大腿一拍，翘起大拇指叫道："好！今科必中！"

这位"今科必中"的先生，使我看呆了一两个钟头。在这一两个钟头当中，我并非尽看他，乃是由他联想到所有考生的怪现状；由那些怪现状联想到这班动物得了志，国家和人民要如何遭殃；因此又联想到所谓抢才大典，简直是隔几年把这班猴子、狗熊搬出来开一次动物展览会，因此又联想到国家一切制度，恐怕都有如此这般的毛病；因此最后感觉到梁启超那班人们在《时务报》上说的话是有些道理呀！这便是我由选学妖孽转变到康梁派之最大动机。一两个钟头的冥想，决定了我个人往后十几年的行动。我此次乡试，本来很勉强，不料其结果却对于我意外有益！

（原载 1937 年 11 月 11 日、11 月 21 日、12 月 1 日《宇宙风》
散文十日刊第五十一、五十二、五十三期）

3. 狱中自述

李大钊

李大钊，字守常，直隶乐亭人，现年三十九岁。在襁褓中即失怙恃（初稿中为"在襁褓之中，即丧父母"），既无兄弟，又鲜姊妹，为一垂老之祖父教养成人。幼时在乡村私校，曾读四书经史。年十六，应试科举，试未竟（初稿中为"甫经府试"，二稿为"府试中"），而停办科举令下，遂入永平府中学校肄业，在永读书二载。其时（初稿中"其时"之下有"祖母去世"四字），祖父年逾八旬，只赖内人李赵氏在家服侍。不久，祖父弃世。

钊感于国势之危迫，急思深研政理，求得挽救民族、振奋国群之良策，乃赴天津投考北洋法政专门学校。（这一段在初稿中为："钊感于国势之陵夷不振，颇起二稿为'慨然起'）深研政治以期挽救民族（二稿下有"振奋国群"四字）之思想，遂与二三同学，乘暑假之便，赶天津投考学校。其时有三种学校正在招

276

考：一系北洋军医学校；一系长芦银行专修所；一系北洋法政专门学校。军医非我所喜，故未投考。银行专修所我亦被考取，但理财致个人之富，亦殊违我素志，（二稿在此下为"故皆决然弃之，而入法政"）乃决心投考法政专门学校，幸被录取，是校为袁世凯氏所创立，收录全国人士。钊既入校，习法政诸学及英、日语学，随政治知识之日进，而再建中国之志趣亦日益腾高。钊在该校肄业六年，均系自费。我家贫，只有薄田数十亩，学费所需，皆赖内人辛苦经营，典当挪借，始得勉强卒业。卒业后我仍感学识之不足，乃承友朋之助，赴日本东京学，入早稻田大学政治本科。留东三年，益感再造中国之不可缓，值洪宪之变而归国，暂留上海。后应北京大学之聘，任图书馆主任。历在北京大学、朝阳大学、女子师范大学、师范大学、中国大学教授史学思想史、社会学等科。数年研究之结果，深知中国今日扰乱之本原，全由于欧洲现代工业勃兴，形成帝国主义，而以其经济势力压迫吾产业落后之国家，用种种不平等条约束制吾法权税权之独立与自主。而吾之国民经济，遂以江河日下之势而趋于破产。今欲挽此危局，非将束制吾民族生机之不平等条约废止不可。从前英法联军有事于中国之日，正欧、美强迫日本以与之缔结不平等条约之时，日本之税权法权，亦一时丧失其独立自主之位置。厥后日本忧国之志士，不忍见其国运之沉沦，乃冒种种困难，完成其维新之大业，尊王覆幕，废止不平等条约，日本遂以回复其民族之独立，今亦列于帝国主义国家之林。惟吾中国，自鸦片战役而后，继之以英法联军之役，太平天国之变，中日甲午之战，庚子之变，乃至辛亥革命之变，直到于今，（在此以下，初稿为："而民族独立运动之革命事业，尚未完成。中国如仍不适应世界之潮流，急起直追，以求民族独立与自主，则国脉民生，将无自振拔，以维持其存在于世界矣！"二稿为："中国民族尚困制于列强不平等条约之下而未能解脱。此等不平等条约如不废除，则中国将永不能在国际上恢复其自由平等之位置。而长此以往，挽此危局，非唤起全国民众及愿与民众结合之武力，共同立于国民党旗帜之下不可，于是决心投入中国国民党。"）中国民族尚辄困于列强不平等条约之下，而未能解脱。此等不平等条约如不废除，则中国将永不能恢复其在国际上自由平等之位置。而长此以往，吾之国计民生，将必陷于绝无挽救之境界矣！然在今日谋中国民族之解放，已不能再用日本维新时代之政策，因在当时之世界，正是资本主义勃兴之时期，故日本亦能采用资本主义之制度，而成其民族解放之伟业。今日之世界，乃为资本主义渐次崩颓之时期，故必须采用一种新政策。对外联合以平等待我之民族及被压迫之弱小民族，并列强本国内之多数民众；对内唤起国内之多数民众，共同团结于一个挽救全民族之政治纲领之下，以抵制列强之压迫，而达到建立一恢复民族自主、保护民众利益、发达国家产业之国家之目的。因此，我乃决心加入中国国民党。

大约在四五年前，其时孙中山先生因陈炯明之叛变，避居上海，钊曾亲赴上海与孙先生晤面，讨论振兴国民党以振兴中国之问，曾忆有一次孙先生与我畅论其建国方略，亘数时间，（初稿在"亘数时间"之后，尚有"先生与我等畅谈不倦，几乎忘食"之语。）即由先生亲自主盟，介绍我入国民党。是为钊献身于中国国民党之始。翌年夏，先生又召我赴粤一次，讨论外交政策。又翌年一月，国民党在广州召集第一次全国代表大会，钊曾被孙先生指派而出席，被选为中央执行委员。前岁先生北来，于临入医院施行手术时，又任钊为政治委员。其时同被指任者，有：汪精卫、吴稚晖、李石曾、于右任、陈友仁诸人。后来精卫回广州，政治委员会中央仍设在广州，其留在北京、上海之政治委员，又略加补充，称分会。留于北京之政治委员，则为吴稚晖、李石曾、陈友仁、于右任、徐谦、顾孟余及钊等。去年国民党在广州开第二次全国代表大会，钊又被选为中央执行委员。北京执行部系从前之组织，自第二次全国代表大会后已议决取消。中央执行委员会为全国代表大会闭会中之全党最高中央机关，现设于武汉，内分组织、宣传、工人、农民、商人、青年、妇女、海外等部。政治委员会委员长系汪精卫，从前只在上海、北京设分会，今则中央已迁往武汉，广州遂又设立一分会。北京分会自吴稚晖、于右任等相继出京后，只余李石曾及钊，久已不能成会。近自石曾出京，只钊一人，更无从开会起矣。钊所以仍留居北京者，实因不得稳妥出京之道路，否则久已南行。此时南方建设多端，在在需人。目下在北方并无重要工作，亦只设法使北方民众了解国民党之主义，并以增收党员而已。

此外，则中外各方有须与党接洽者，吾等亦只任介绍与传达之劳。至于如何寄居于庚款委员会内，其原委亦甚简单。盖因徐谦、李石曾、顾孟余等，皆先后任庚款委员，徐谦即寄居于其中，一切管理权皆在徐、顾，故当徐、顾离京时，钊即与徐、顾二君商，因得寄居于此。嗣后市党部中人，亦有偶然寄居于此者，并将名册等簿，寄存其中，钊均径自允许，并未与任何俄人商议。盖彼等似已默认此一隅之地，为中国人住居之所，一切归钊自行管理。至于钊与李石曾诸人在委员会会谈时，俄人向未参加。我等如有事须与俄使接洽时，即派代表往晤俄使。至如零星小事，则随时与使馆庶务接洽。

中山先生之外交政策，向主联俄联德，因其对于中国已取消不平等条约也。北上时路过日本，曾对其朝野人士为极沉痛之演说，劝其毅然改变对华政策，赞助中国之民族解放运动。其联俄政策之实行，实始于在上海与俄代表越飞氏之会见。当时曾与共同签名发表一简短之宣言，谓中国今日尚不适宜于施行社会主义。以后中山先生返粤，即约聘俄顾问，赞助中山先生建立党军，改组党政。最近蒋介石先生刊行一种中山先生墨迹，关于其联俄计画之进行，颇有纪述，可参考之。至于国民政府与苏俄之外交关系，皆归外交部与驻粤苏俄代表在广州办理，故钊不知其详。惟据我所知，则确无何等密约。中山先生曾于其遗嘱中明白言之，与"以平等待我之民族，共同奋斗！"如其联俄政策之维持而有待于密约者，则俄已不是以平等待我之民族，尚何友谊之可言？而且国民党之对内对外诸大政策，向系公开与国人以共见，与世界民众以共见，因亦不许与任何国家结立密约。

政治委员会北京分会之用款，向系由广州汇寄，近则由武汉汇寄。当徐谦、顾孟余离京之时，顾孟余曾以万余元交付我手，此款本为设立印刷局而储存者。后因党员纷纷出京，多需旅费及安置家属费，并维持庚款委员会一切杂资及借给市党部之维持费。数月间，即行用尽。此后又汇来数万元，系令钊转交柏文蔚、王法勤等，已陆续转交过去。去岁军兴以来，国民政府之经费亦不甚充裕，故数月以来，未曾有款寄到。必需之费，全赖托由李石曾借债维持。阳历及阴历年关，几乎无法过去。庚款委员会夫役人等之月薪，以及应交使馆之电灯、自来水等费，亦多积欠未付。委员会夫役阎威已经拘押在案，可以质证。最近才由广州寄来两千元，由武汉寄来三千元，除陆续还付前托李石曾经借之债，已所余无几，大约不过千元，存在远东银行。历次汇款，无论由何银行汇来，钊皆用李鼎丞名义汇存之于远东银行，以为提取之便。

党中之左、右派向即存在，不过遇有政治问题主张不一致时，始更明显。其实，在主义之原则上原无不同，不过政策上有缓进急进之差耳。在北京之党员，皆入市党部，凡入市党部者，当然皆为国民党员。市、区党员之任务，乃在训练党员以政治的常识。区隶属于市，积若干区而成市，此为党员之初级组织，并无他项作用。北京为学术中心，非工业中心，故只有党之组织，而无工会之组织。在国民军时代，工人虽略有组织，而今则早已无复存在。党籍中之工人党员，亦甚罕见。近来传言党人在北京将有如何之计画，如何之举动，皆属杯弓市虎之谣，望当局勿致轻信，社会之纷扰，泰半由于谣传与误会。当局能从此番之逮捕，判明谣诼之无根，则对于吾党之政治主张，亦可有相当之谅解。苟能因此谅解而知吾党之所求，乃在谋国计民生之安康与进步，彼此间之误会，因以逐渐消除，则更幸矣！

钊自束发受书，即矢志努力于民族解放之事业，实践其所信，励行其所知，为功为罪，所不暇计。今既被逮，惟有直言。倘因此而重获罪戾，则钊实当负其全责。惟望当局对于此等爱国青年宽大处理，不事株连，则钊感且不尽矣！

又有陈者：钊夙研史学，平生搜集东西书籍颇不少，如已没收，尚希保存，以利文化。谨呈。

李大钊

[选自李大钊《狱中自述》，本文系李大钊1927年4月被捕后所撰，原件存中国革命历史博物馆。《李大钊文集》（人民出版社1984年版）首次收入该文时，有如下说明："《狱中自述》共有三稿，收入《李大钊文集》的这一篇是第三稿。三稿的内容基本相同，只是文字有详有略。有些情节在初稿、二稿中有所叙述而为三稿所略者，皆于有关段落中加注说明，以资研究参考。"]

策划编辑：房宪鹏

责任编辑：王世勇

图书在版编目（CIP）数据

百年记忆："南陈北李" / 张宝明 编 . —北京：人民出版社，2024.5

ISBN 978－7－01－026496－7

I.①百… II.①张… III.①陈独秀（1879-1942）-生平事迹
②李大钊（1889-1927）-生平事迹 IV.①K827=6

中国国家版本馆 CIP 数据核字（2024）第 077432 号

百年记忆："南陈北李"

BAINIAN JIYI NANCHENBEILI

张宝明 编

人民出版社 出版发行

（100706 北京市东城区隆福寺街 99 号）

中煤（北京）印务有限公司印刷 新华书店经销

2024 年 5 月第 1 版 2024 年 5 月北京第 1 次印刷

开本：710 毫米 ×1000 毫米 1/16 印张：18.5

字数：185 千字

ISBN 978－7－01－026496－7 定价：72.00 元

邮购地址 100706 北京市东城区隆福寺街 99 号

人民东方图书销售中心 电话（010）65250042 65289539